JN034748

めんどくさいがなくなる

「明日ラク」レシピ！

本多理恵子

はじめに

　その日の気分がどうであれ「毎日食べるご飯」を用意し続けていくことは、相当な努力や辛抱が必要です。それは面倒くさいことであり、決して「気が向いた時だけ作ればいい」という余暇の楽しみではありません。というのも、２０２０年、この本の企画が進行していた時、新型コロナウイルスが突然世界を変えました。それまでの「当たり前」は通用しなくなり、私たちの生活は一変。出歩かないことが感染防止の決め手ということで「家にいる」生活を強《し》いられました。自分はもちろん、家族がいつも家にいるという非日常が始まり、突然「家で食べるご飯」がそれまでと異なる価値を持ち始めたのです。

「生きるために、お腹が空《す》いたから食べる」ことから、外に出られない生活の中での唯一最大の楽しみとして、「食べること」への関心が高まりました。みなが家で過ごし、家でご飯を食べることが、未来永劫続くわけではないと分かっていても、ご飯のたびに「何にしよう」と考えることは正直しんどいものでした。

　その一方で、あり余る時間の過ごし方として、それまで料理など見向きもしなかった人が「ご飯を作る」楽しさに目覚めたことも大きな変化です。ご飯を作る人のすそ野が広がったことは喜ばしいことで、できるならば継続して取り組んで欲しいと願ってやみませんが、残念ながら人は忘却の生き物です。小麦粉を買ってパンを作ったり、何時間もかけてシチューを煮込んだあの時のあの情熱がずっと続くとは限りません。

　これらのことから私は、今まで伝えてきた「作り続ける料理」を少しでもラクにすることの大切さを思い知りました。その都度レシピを検索して作ることは確かにその場の解決にはなりますが、毎日毎回繰り返したら非効率で疲れます。

　そもそも家庭で食べる料理は昨日の食べ残しや、冷蔵庫の余っている食材など、一定のベースがあって、そこから展開していくリレー作業だと思います。ですから、私がこの本で提案したいのは「使いまわす料理」です。ベースとなる料理から次の料理へとつなげていく方法です。まずはシンプルな料理からスタートし、そこにアレンジできる知恵を掛け合わせて、上手に毎日の料理をしのいで欲しいと願っています。

　この本では、明日をラクにするために覚えておきたいレシピや調理法、食材のいかし方をお伝えしていきます。どうか、みなさんの毎日の料理が少しでも気楽になりますように。

目次

2章

味付け、調味料、調理法をシンプルに考えよう

1章

料理をシンプルに考えよう

自分は料理が苦手だと思っていませんか

「自分は料理が苦手、下手、いつもマンネリ……」と思う人が、世の中にとても多いことに驚きます。これは、私が主宰する料理教室で、およそ1万２０００人を超える生徒さん＝「家で毎日ご飯を作る人」と実際に関わった経験から感じていることです。

いわゆる普通の主婦（私もです）は想像以上に自分を過小評価し、それでも家族のためにと気力を振り絞っています。だからこそ、料理教室に通ったり、料理動画やレシピを調べて少しでも新しいものや美味しいものを作ろうと努力を重ねているのです。

みんな自分一人でどうにかしようと奮闘しています。しかし、その努力は報われていますか。どうにかラクになる方法はないのでしょうか。

迷い込んでいる迷路

私はこれまで多くの簡単レシピや食材使いのヒント、アイデアを料理教室で提供し続けてきました。それでもやはり「料理が苦手」「気が重い」という声は消えません。

作って、食べて、片付けるという繰り返しの作業に追われ、いったい何が大切なのかを見失うこともあります。そのすべてを自分一人でやっていればなおさらです。ですから、いつまでたっても「自分は料理が苦手」で「どうにかしたいけど、どうにもできない」という堂々巡りをしています。

「できない自慢」や「苦手意識」を吐露し続けることは何の解決にもなりません。言葉は意志を持ち、現実になるのです。自分はできないという気持ちを持ち続けていれば、残念ながらいつまでも「苦手」で「上手くできない」ままなのです。

この本では68点のレシピを紹介しますが、それ以上にレシピに付随する「考え方」にこそ、関心を寄せて欲しいと思っています。それがきっと「苦手」や「マンネリ」という感情の迷路から抜け出す切り札となってくれるはずです。

あなただけがダメなわけじゃない

たとえ謙遜《けんそん》であっても、みなさんの「苦手」「上手くできない」という声を聞くたびに「私だってそうですよ！」と心の中で絶叫しています。実際私は、「ゆで卵」ですら殻をキレイに剝《む》けずにボロボロにしてしまうことがよくあります（笑）。

家で料理を作る時に、ＳＮＳや雑誌を参考にすると、どれもキレイで美味しそうに見えます。世の中、自分以外は全員「料理上手」のように思いますよね。そんな焦りを抱えながら実際に作ってみて、同じようにできなければ落ち込むのは当然です。

でも、曲がりなりにも「料理を伝える側」から言わせてもらえれば、きらびやかな完成料理のかげには、いくつもの失敗作があるのです。フライパンに焦げ付いて剝《は》がれなくなった、しょっぱすぎて食べられなかったなど、私自身も料理の失敗をあげたらきりがありません。ここだけの話、そっと葬った料理は星の数ほどあります。

だからこそ、私は料理教室で「どんな簡単な料理でも3回作らないと自分のモノになりませんよ」と繰り返しお伝えしています。ちょっと難しい料理ならなおさらです。

実は、私も未《いま》だに料理を習っています。そして、教えてもらった料理は、たとえどんなに簡単なものでも、何回か繰り返し作らないと安定した出来栄えにはなりません。キュウリの浅漬け程度でも、です。自分の納得する味、美味しいと言ってもらえる味を再現するには「繰り返して身に付ける」ことが大切なのです。

そもそも料理は面倒くさいもの

正直、料理は面倒くさいものです。だから「どうしても作りたくない」、「キッチンに立ちたくない」と思うことは特別おかしなことではありません。誰にでもあることです。ちなみに私は頻繁にあります（笑）。

どうしても作りたくなければ、作らないで済ませる方法も今の世の中にはたくさんあります。私は正々堂々と積極的に外食やテイクアウトに頼っています。なぜなら、ひと時でも自分がラクになってリフレッシュできることはもちろん、人が作った料理を食べるのは勉強にもなるからです。また誰かが作ってくれたことに対する感謝も再確認できます。何事ものは考えよう。前向きにとらえたいものです。毎日毎回、澄み切った心で愛情をこめて丁寧に料理を作る……なんて無理だと思いませんか。

献立を考える、買い出しに行く、冷蔵庫にしまう、野菜を洗って切る、味付けや盛り付け、配膳に片付け……ざっと考えてもこれだけの工程が毎回発生するわけですから、「面倒くさい」のは当たり前です。でも残念ながら、誰かがその「面倒くさい作業」をしないと料理は完成しません。それならば、作った料理を使いまわせるようになりましょう。その力こそ「面倒くさい」に立ち向かうための武器なのです。

ベースはシンプル料理で

武器を身に付けるために、まずお伝えしたいことは、「料理のベースはシンプルでよい」ということです。

たとえば、料理教室の生徒さんの「料理で心折れること」の大半は「せっかく作っても家族が無言で食べる」「リアクションがない」というものです。

これは作る側にとって報われない寂しさがあります。だからこそ、料理には、緩急が大切なのです。普段は「名もなき料理」を無理なく作りつつ、たまにやる気になったら、はりきった料理を作ってメリハリを付けましょう。たまに作る豪華料理は、家族の目を引き、喜ばれます。そうすれば「毎日のご飯作り」という地味なルーティンワークに向き合えるモチベーションにもなります。

毎日の食卓を支えるシンプル料理とは、ちょっと野菜を塩もみしただけ、青菜をごまで和《あ》えただけ、卵を焼いただけ、乾物を甘じょっぱく煮ただけ……そんな程度です。

そんな名もなき料理に、マヨネーズを足してみよう、卵でとじてみよう、チーズやカレー粉を足してみようと少しずつ手を加えていくのです。ちょっとした知恵とアイデアを追加することで、新しい「我が家の料理」へと発展していきます。

ですから、あくまでもベースはシンプルに。そして、そこから展開していくことが大事です。作り続けていく、料理をつなげていくための筋力を付けましょう。いつまでもレシピに頼りきっていては成長できません。

味付けは薄味でよい

そして、もう一つお伝えしておきたいのは「味付けは薄味でよい」です。

よく聞く料理のお悩みは、だいたい二つに分類されます。一つは「何を作ったらいいか分からない」という献立の悩み、そしてもう一つは「味が決まらない」という味付けの悩みです。せっかく作るなら、「思い通りの味に仕上げたい」「この前褒《ほ》められたあの味付けを再現したい」と思うのは当然です。

ところが不思議なことに、レシピを見ながら同じように作っていても、この前作った味と同じにならないことがあります。それは食材や季節・自分の体調など、味を作り出す条件が同じではないからです。そして、この「味が決まらない」問題の解決策はズバリ「味を決めるのを諦める」ことなのです。

衝撃的ですか？　でもそれでよいのです。

味は「決まらない」のではなく「決めなくていい」のです。言い換えれば「味の余白を残したままにする」のです。違和感を感じるかもしれませんが、家庭料理において、これは案外重要になります。

ついでの仕込みが明日を制す！

毎日繰り返す家庭料理やお弁当作りにおいて、何品か副菜があることがどれほど気持ちを軽くしてくれるか、作り手ならば実感があると思います。

オススメは、仕込みのついでに副菜を作っておく「ついで仕込み」。決して流行《はや》りの「作り置き」のような計算されたストック料理でなくてもよいのです。丸1日かけて作った数々の作り置きを、その後1週間でパズルを組み合わせるように食べ切るのは私には無理です。「今日は気分じゃないな」ということもあるからです。

「ついで仕込み」は複雑な料理ではなく、何にでも使いまわせるように「ついでに仕込んでおく」一品です。

たとえば、普段作る料理の工程では「玉ネギの薄切り」や「みじん切り」など、玉ネギを切るシーンによく出くわします。せっかく涙をこらえて切るのであれば、ついでに倍量切っておきます。１／２個なんてケチ臭いことを言わず、１個丸ごと切ってしまいましょう。そうです、流した涙は無駄にはしません！　さらについでに薄切り玉ネギと一緒に塩、酢、砂糖、油を厚手のポリ袋に入れて軽く和えて、冷蔵保存しておきます。そこに鰹節《かつおぶし》をかけて副菜にしたり、冷ややっこにのせたりすれば何日かは使いまわせます。また、そのまま生野菜にタレごとかけたり、ソテーした魚や鶏肉と合わせてもＯＫです。唐辛子や塩昆布などを混ぜても美味しくなります。

シンプル料理の元となる筋力

このように毎日続ける料理とは筋トレのようなもので、やり続けていけば自力でどうにかできる筋力が付いていくものです。未だまともに腹筋すらできない私が、偉そうなことを言って自分でも驚きますが、料理は筋力が大事なのです。それは愛情と同じくらい、いやそれ以上だと思います。

またシンプルに考える以外に大切にしたいのは、諦めグセを付けて置くことです。たとえば、ほうれん草がなければ小松菜でもよいのです。いや、もしかしたら小松菜の代わりにあえて長ネギにしてみたら全然違う料理になった！　という新たな発見も、時には必要です。

他にも和風だしを昆布茶で代用してみたとか、豆板醤《トウバンジャン》がないから味噌《みそ》にラー油を混ぜてみたなど、そんな小さな機転をきかすことが食材や買い物の無駄をなくします。そうです！　料理レシピにおいて、必ずその食材・すべての調味料が必要というわけではないのです。「当たり前」や「今までのやり方」をちょっと脇に置いてみる。その余裕も大切です。

「今日のご飯どうしようかな？」と考えて冷蔵庫を開けた時、「食材を組み合わせるアイデア」や「シンプルな味付け」ができるようになれば、料理は随分とラクになります。その筋力を付けるための具体的なポイントを次章でご紹介します。

2章

味付け、調味料、調理法をシンプルに考えよう

味付けをシンプルに～薄味からのスタート

私達は想像以上に、外食やお惣菜などの「外の味」に慣れています。つまりひと口食べて分かりやすく、しっかりした味に慣れているのです。

しかし家庭料理においては前章でお伝えした通り「味付けは薄味でよい」のです。たとえば仕上げの味がなんとなくまとまらない時に、いろんな調味料を後から足して、何度も味見をして、結局「味の迷子」になってしまうことはありませんか。

ちなみに料理とは関係ありませんが、朝のメイクの時、眉毛を描いていてコレと同じ気持ちになることがあります。一度で決まらなくて描き足していくうちにドツボにはまり、コント中の芸人のようになってしまう……といったアレです。

つまり、そうなったら一刻も早く「やめる」ことが正解なのです。なぜなら、眉毛も味付けも、後から足すことはいくらでも可能ですから。そしてその「味を足す」というカスタマイズは調味料に頼らずとも、ネギやショウガなどの薬味を合わせたり、海苔や鰹節をのせたりすれば、風味も加わりさらに味わい深くなります。

そんな問題を解決するために、この章では味付け、調味料、調理法についてのポイントをお伝えします。一旦「味付けをする」、そこから必要に応じて味をととのえる「調味」をしていきましょう。

●ポイント①肉の塩加減は「重量の１％」と覚える

「いい塩梅《あんばい》」という言葉がありますが、料理に大切なのは「塩加減」。私は濃い味が好きなので、味見の後に最後にダメ押しの「塩ひとつまみ」を入れて、後悔します。これは、ひと口ではちょうどよくても、一皿食べると塩辛くなるという罠《わな》です。

そこで覚えておきたいのは「ちょうどいい塩加減」です。

特に「肉を焼く時の塩加減」は計算しておくことをオススメします。それは肉の重量の１％の塩で味付けすることです。例えば肉５００ｇであれば、塩５ｇ（小さじ１）になります。そうすると素材の旨《うま》みを引き出した「何も付けなくてもちょうどいい」味になり、ソースやタレを用意する必要がありません。

はかるのが面倒くさい場合は、買ってきたパックに重さが表示されているので、その１％だと思って下さい。

しかし困ったことに、私は相当ガサツな人間です。表示を見る前にさっさとパックを捨ててしまいます。または、多めに買ってきてパックから出して冷凍保存する場合もあります。そんな自分のために、買う時に２００ｇとか５００ｇとか、ちょうどよさそうな大きさを買うこともありますが、当然それすら忘れることもあります。

ですから、よく使う鶏もも肉は1枚約２５０ｇと覚えてしまいます。手羽元は1本50ｇです。そうすれば自《おの》ずと塩加減を計算できます。塩そのものをはかるのも手間なので、「塩入れ」に入れておくスプーンを小さじスプーン（＝５ｇ）にしています。つまり、２５０ｇの鶏もも肉ならば１／２杯、５００ｇなら1杯でＯＫなのです。

●ポイント②だしいらずの食材を知る

料理を作る時に、心が折れそうになるのが「だし汁」問題です。私も料理初心者のころにレシピ本に書かれている「だし汁」という文字を見て「え？　それどこで売っているの？」といきなり挫折したことを覚えています。結局材料に「だし汁」が出てくる料理はしばらく作ることができませんでした。今料理を仕事にしていますが、何事も「これは知っていて当たり前」という前提は、発信側の盲点だと思っています。

だし汁に悩んでいたころにＧｏｏｇｌｅ検索はありませんでしたが、私も学びました。だし汁は売っていないのです。自分でだしをひくか、もしくは市販の顆粒《かりゅう》だしやパックを使えばよいのです。まさに、だし汁がなければ顆粒を使えばいいじゃない……というマリー・アントワネット的思考です。

だし汁問題は解決しましたが、今もせっかちな人間なので、作り始めてから「あ、だしがない」ということもよくあります。そんな時は「だしを諦める」のです。

一番の解決策は「鰹節」や「昆布」を食材として入れることですが、他にも旨み成分を多く含む食材を覚えておくとよいでしょう。つまり、だしを使わなくてもだしが出る食材を知っていれば解決できるのです。

たとえば、きのこ、チーズ、長ネギ、玉ネギ、トマト、豚肉などです。

代表的な旨み物質として知られる「グルタミン酸」や「イノシン酸」を多く含む食材をネット検索すると出てきます。本当に便利な時代になりました（遠い目……）。

● ポイント③後から追加できる塩・スパイス・薬味を知る

「味を決めなくてもいい」「薄味に仕上げておく」とお伝えしましたが、後から味を追加する場合に使えるのが、塩、スパイス、薬味などです。

最近はフレーバーソルトの他、色や形が違う塩もあります。美味しい塩を、食べる直前にパラパラかければ食欲をそそります。

塩の取りすぎが気になる場合は、スパイスに頼る方法もあります。ブラックペッパーやタバスコ、ラー油などを塩の代わりにして辛みをきかせると減塩効果につながります。また、わさびや唐辛子、マスタードなどで味をととのえてみるのもオススメです。

スパイス以外にも、ネギ・大葉・ショウガなどの香味野菜やごま、鰹節などの薬味を足すことで風味をアップさせることができます。

●ポイント④調味料は大さじ1で決める

せっかく新しい料理に挑戦しようと思っていても、覚えられないほどの「調味料の多さ」や、小さじや大さじ、さらにccやmlが混在する「細かすぎる配合」は、だし汁と同じように、心が折れそうになります。

料理にもよりますが、シンプルを目指す家庭料理においては「少ない調味料で作れる」や「覚えやすい配合」のレシピこそ、先に習得したいものです。

だからこそ私がお伝えしたいのは、覚えやすくかつ汎用性《はんようせい》がある調味料の配合「全部大さじ1」です。大さじ1は15g、15mlと覚えれば、いちいち計量カップを出さなくてもよいですし、味の大失敗もありません。煮物全般に使えるので、私は、醤油・酒・みりんを混ぜ合わせた調味料を少し多めに作って瓶に入れ、冷蔵保存しています。作る時にその瓶からドバッと調味液を注ぎ入れると、一気に味付けができてラクですし、いちいち冷蔵庫から一つずつ調味料を出してきてはかる手間が省けます。

味見をしてみて、薄味ならば調味液そのものを足すか、醤油を追加します。甘さが足りなければ、みりんか砂糖を追加すればコクがでます。

調味料をシンプルに～まず今ある調味料を整理する

調味料の配合がイメージできたら、調味料そのものを見直してみましょう。調味料は実はある程度絞り込むことができます。

最近、新型コロナウイルスの影響で「おうちごはん」が増え、調味料の減りがいつもより早くなったという声を聞きます。実際に私も、この前開けたばかりの醤油がなくなったり、あると思った酢が残りわずかだったということがありました。この経験から、「自分がよく使う調味料」が自然とあぶりだされました。

これは思わぬ産物でした。使う調味料が分かることで、自分が普段どんな味付けが多いのか自ずと分かります。それと同時に、使わないものを片付ける決心もできます。意を決して冷蔵庫や買い置きの中で「使わないもの」「余っているもの」を一旦使い切りましょう。使い切れそうにないものは思い切って処分します。もし必要になっても、いくつかの調味料を合わせれば、それに近い味は再現できます。

そして一旦整理したら、そのあとは必要最小限、そして頻繁に使う調味料だけを揃えておけば気持ちよく料理ができます。その時はぜひ、少しだけ奮発してよいものを揃えましょう。特に煮込み料理の仕上がりの違いに驚くはずですよ。

●ポイント①実は使える「白だし」「コチュジャン」「ポン酢しょうゆ」

私の基本の調味料は、塩、コショウ、醤油、酒、みりん。それに、酢、オイスターソースの7種類。大抵の料理はこれらを使って作っています。

そしてこの基本以外にあると便利なのが、白だし、コチュジャン、ポン酢しょうゆです。白だしに限ってはあまりに愛しすぎていろんなところでオススメしている「まわし者」を自称しています。

白だしの使い方は、ラベルにお吸い物やおでんに使う際の様々な配合が書いてあります。醤油と違って茶色になることもなく、素材の色がキレイに出ます。また、だしと塩味がバランスよく整っているので、煮物やスープのベースなどに重宝します。

和風の味付けは白だしをベースにすればほとんど間違いはありません。実際、味噌汁は面倒くさくても、白だしにお湯を注ぐだけのお吸い物はよく作ります。また、豆乳と合わせてスープやパスタのベースの味付けにも使います。

次にコチュジャンです。食べ慣れない人は「ニンニクたっぷりの辛い味噌」をイメージするかもしれませんが、私はニンニクが入っていない甘辛い自家製コチュジャンを愛用しています。この自家製コチュジャン（もちろん市販品でも使い方は同じです）は、マヨネーズと合わせてディップにしたり、チャーハンや鍋料理の味付けにも使います。普段頻繁に使わない調味料だからこそ、余った料理の「味変《あじへん》」にも一役買います。煮物や汁物にコチュジャンを入れて少しだけコクと辛さを足します。

最後に、鍋の付けダレだけでなく、意外にも味付けとして使えるのがポン酢しょうゆです。たとえば、オリーブオイルと一緒に生野菜やゆで野菜を和えると絶品です。

また、ご飯を炊く時に1合に付き、大さじ2杯のポン酢しょうゆと塩ひとつまみを入れて炊けば、風味豊かなポン酢ご飯になります。酢の味がまろやかになり、まるでだしで炊いたような美味しさです。ちりめんじゃこやショウガ、細かく切った油揚げを一緒に入れて炊き込んでもいいでしょう。

炊飯器でできるので、このちょっとした炊き込みご飯があれば後はお漬物と味噌汁で立派な献立になりますよ。

●ポイント②塩の代わりに酢を使う

味見をして薄い場合、普通は塩を追加しますが、しょっぱくしたくはないけれど味を引き締めたい時にオススメなのが酢です。想像しやすいところでは、ポテトサラダやコールスローなどのサラダ系の和え物に使いやすいです。また、醤油・酒・みりんで煮込んだ煮物の最後に酢をほんの少し入れて軽く煮飛ばすと味が引き締まります。私は自家製のなめたけの仕上げに酢をきかせます。しっかりした味付けだけど塩辛くなくさっぱりといただけます。ほんの小さじ1杯でＯＫですよ。ぜひお試しあれ！

●ポイント③買わなくても作れる調味料

レシピを参考にする場合「普段使わない調味料」や「買っても他に使いようがない調味料」が出てくると買おうかどうか迷いますよね。そして、そもそもそのレシピを作ろうかどうかも……。

そんな時は買わずにあるもので代用してみましょう。料理はレシピ通りの調味料でなくても構わないのです。

たとえば、

○ナンプラー…醤油＋レモン汁（醤油の半量目安）を混ぜる。

○スイートチリソース…鷹の爪輪切り（１本）＋ニンニクのみじん切り（１／２かけ分）＋酢＋砂糖＋水（各大さじ１）＋塩（少々）を加熱（とろみが欲しい時は水溶き片栗粉を最後に追加）。

○豆板醤…味噌＋醤油（味噌の１／３）＋一味唐辛子（適量）を混ぜる。

○バルサミコ酢…酢＋ウスターソース（同量）を混ぜる。

というように、いちいち買い揃えなくても、どうしても必要な時は作ってしまいましょう。ちなみにスイートチリソースは自家製のほうが家族に好評でした。

●ポイント④余りがちな瓶詰めを調味料として使い切る

最後に冷蔵庫の（特に一番上の段）に残りがちな瓶詰めを使い切るアイデアを紹介します。不思議なことに、目の届かない冷蔵庫の一番上の段の奥はミステリーゾーンと化しています。

岩海苔《いわのり》、塩辛、なめたけ、鮭フレークなど、いつ買ったのか思い出せないものやお土産にいただいた瓶詰め。これらを消費するための最善の方法は「マヨネーズと混ぜてディップにする」か「温かいご飯に加えて混ぜご飯にする」です。簡単な上、たいていの瓶詰めはこれで使い切ることができます。

さらに混ぜご飯は、余ったらおにぎりにして冷凍しておきます。後日レンジでチンしたり、お茶漬けや焼きおにぎりにして食べてもＯＫ。小腹が空いた時や二日酔いの時に助かります（頻繁にあります。涙）。

また、意外にも大体のものはパスタの味付けによく合います。オリーブオイルだけでなくバターやごま油などと組み合わせるだけで新しい味を発見できるので、楽しみながら作れます。

調理法をシンプルに～作り方を簡潔に覚えやすく

最後に調理法についてお話しします。最近は料理動画が主流になり、レシピ本などの文字情報で料理を作る人は減っているのかもしれません。そんなことを思いながら、私もよく「料理動画」をボーッと眺めていることがあります。

たとえその料理を作るためではなくても、流れるような作業はただ見ているだけで面白いものです。ついつい見入ってしまいながら、ふとつぶやきました。

「レシピを読みながら作る人ってだんだんいなくなるんじゃないかなぁ」

するとすかさず、「それは料理ができる人の考えだよ」と、料理超初心者の息子が言ったのです。

なるほど！　と思いました。

一見分かりやすそうな料理動画も、特に初心者にとってはそうではないのです。「今、何入れた？」「え？　見逃した」など、その都度止めては巻き戻し、再生し、メモを取ります。結果、自分がどこまで見ていたのか、見失うらしいのです。

しかし、文字と写真で説明するいわゆるテキスト情報のレシピなら、いつでもすぐに確認できます。何度も読んで確かめて下さい。なんなら書き込んで下さい。

このことからレシピを文字であらわす必要性を再確認しました。そしてだからこそ一層、シンプルで簡単である（文字数が少ない）ことが大切だとも痛感しました。

しかし困ったことに「作れば簡単だけど、文字にすると長い」ことが多々あります。レシピを書くと「えー、作ってみると簡単なのに……」と唇をかみしめる時がよくあるのです。あんかけチャーハンなんて調理時間は2分もあれば完成するのに、文字にすると恐ろしい量になります。

この解決策は実はありません。読んでイメージしていただくしかないのです。ですからせめて、工程をシンプルにするということに注力したいと思っています。

●ポイント①ほとんど同じ調理法「蒸し煮」

私がご紹介している加熱料理は、揚げ物以外はほとんどが同じ調理法です。それは次の3ステップで完成します。

1. 材料と調味料を鍋（フライパン）に入れて蓋をする。
2. 中火で加熱して、沸騰したら弱火で煮込む。

3. 蓋を取って煮飛ばし、必要なら味を調節してできあがり。

という手順です。「蒸し煮」という調理法で、ほとんどがこれです。

一度読んで作れる、何回か作ったらもう失敗しない。そのためにはシンプルな調理法を基本にしましょう。

●ポイント②揚げ物にたっぷりの油はいらない

一番面倒くさい調理法は「揚げ物」と答える人が多いことでしょう。小麦粉・卵・パン粉の3つのタッパーを用意することもさることながら、揚げている途中の油のハネ（掃除が大変）、そして揚げ終えた後の油の処理などを考えると気が遠くなります。

たとえ面倒くさい揚げ物であっても、食材が泳ぐほどの大量の油は必要ありません。油はフライパンの底から5㎜もあれば十分です。衣やパン粉を付けた食材が半分浸かる「半身浴」にして、片面がこんがり色付いたら反対側も焦げ目を付ければ大抵のものは上手く揚がります。

また衣に使う卵ですが、少量の場合、1個溶いても微妙に余ることはありませんか？　その場合の対処法は「卵を使わず牛乳やマヨネーズで代用」するか、「余った溶き卵にもう一つ卵を追加してスクランブルエッグにして一品にする方法」で、どちらもオススメです。

●ポイント③スープと蒸し物の同時調理法

毎日作るご飯において、ひと手間で複数の料理を完成させられたら夢のようです。これを可能にさせるのが、蒸し調理の時の副産物である、下に張った水をスープにする同時調理。水を少し多めにして、市販のスープの素やコンソメの素を一緒に入れておけば汁物になるのです。始めから根菜を入れて煮てもよし、後から溶き卵や小ネギなどを入れてもよし。メインの蒸し料理とスープが同時に完成します。

しかも、蒸し器がなくても大丈夫です。家にある鍋などで対応できます。蒸し器を使わず鍋を使う蒸し料理については、この後の4章でご紹介します。

●ポイント④一番簡単な「非加熱調理」

料理と聞くと、じっくり煮込んだり、カラっと揚げたりする工程を想像しがちですが、実は火を使わない調理法もあなどれません。生野菜のサラダだって、トッピングにゆでたシーフードや卵、スモークサーモン、ツナをのせれば立派なおかずになるのです。

特に品数を稼ぎたいと思った時、冷蔵庫にあるものを掛け合わせて「和え物」を作ってみてはどうでしょうか？

私がよくやるのは、買い置きのちくわや乾燥わかめ、ツナ缶やかまぼこ・キュウリや玉ネギなどを切って、オリーブオイルやごま油と塩・コショウで適当に和えるものです。余っているドレッシングで和えてもよいでしょう。小鉢に盛り付ければ驚くほど簡単に一品が完成して、食卓のバランスが取れます。

●ポイント⑤厚手のポリ袋で調理

簡単な塩もみなどが毎日の食卓を支えることは前述しましたが、最近ハマっているのは「ごま和え」です。これはタレや和え衣《ごろも》となる材料を先に厚手のポリ袋又はフリーザーバッグなどに入れて後から食材を入れて和えるやり方です。

きっかけは「ごま和え」を作ろうと思った時に「すりごま」の買い置きがなかったことでした。ストックを見ると「炒《い》りごま」はあるのに「すりごま」がない。そうですよね、家庭において、白炒りごま・黒炒りごま、さらにすりごまも白と黒を揃えていたら、かなりの「ごまマニア」です。炒りごまをすり鉢ですろうかと一度は思ったものの、使ったすり鉢をキレイに洗う面倒くささが頭をよぎります。

それで厚手のポリ袋を使うことにしました。先に炒りごまを入れて、麺棒《めんぼう》（その時は目の前にあったジャムの瓶の底を使いました）で思い切りゴリゴリとつぶします。袋を開けてみると、とても香ばしい香りが広がります。売っている「すりごま」を使うよりも美味しく作れたのです。

そしてこのポリ袋調理のよさは他にもあります。それは洗い物が一切必要ないこと！　小さな大発見にすっかり心躍《こころおど》り、ごまばかりではなくナッツでも試してみました。ビールのおつまみで買ってある「柿ピー」の「ピー」だけ集めて……（笑）。

このように、特別な材料や調理器具を用意しなくても、あっと言う間に小鉢料理が完成します。また、ポリ袋のまま冷蔵保存をしておけば、お弁当の隙間に詰めるお惣菜にもなります。明日のお弁当どうしよう……と気になるとおちおち爆睡もできません。そんな時に、とりあえずの１、２品が冷蔵庫にあると安心して夢の世界へと旅立てますよ。

COLUMN 1

1：1：1の黄金比で作る簡単おかず

味付けに重宝するのが、醤油・酒・みりんの1：1：1の黄金比で作る合わせ調味料。瓶に入れておけば、そのまま使えて便利です。我が家では冷蔵庫に常備しています。

家庭料理の定番も黄金比で

肉じゃが

材料と作り方（4人分）

1 **じゃがいも3個**はひと口大に切って水にさらしておく。**玉ネギ1個**は薄切りに、**人参1本**は乱切りにする。**牛薄切り肉150g**は、食べやすい大きさに切る。

2 鍋にじゃがいも、玉ネギ、人参、牛肉を入れる。**醤油・酒・みりん各大さじ2、水・砂糖各大さじ1**を混ぜ合わせて加え、蓋をして中火にかける。

3 煮立ったら弱火で10分ほど加熱し、蓋を取ってかき混ぜながら水分を飛ばす。

4 最後に**さやえんどう8個程度**を入れたら火を止め、蓋をして余熱で2分ほど火を通す。

＊固形のカレー粉と水を加えたら、カレーに変身！

和風だけじゃない！ あっさり味に

洋風切り干し大根

材料と作り方（2人分）

1 フライパンに**油大さじ1**をひく。**切り干し大根30g（乾燥・水洗いしてたっぷりの水で戻す）**を、水気を切って5cm長さに切り、ひと口大に切った**ベーコン4、5枚**とともに入れる。

2 **醤油・酒・みりん各大さじ1、塩ふたつまみ**を入れて蓋をし、中火にかける。

3 煮立ったら弱火で8分火を通し、蓋を取ってざく切りにした**トマト小1個、バター大さじ1**を入れて中火にして水気を飛ばす。

＊刻めばチャーハンやスープの具にも。

この本のレシピについて

レシピの表記について

- 計量器は１カップ＝200ml、大さじ１＝15ml（15ｇ）、小さじ１＝5ml（5ｇ）のものを使用しています。
- 材料は、基本的に作り方で使う順に表記しています。
- 電子レンジの加熱時間は500Ｗの場合の目安です。600Ｗの場合は時間を0.8倍にして下さい。機種によっても異なるので、様子を見ながら加熱調理しましょう。

味見について

- 味見のタイミングは、味見のマークを参考にして下さい。味が薄い場合は表記されている調味料のどちらかをお好みで、濃い場合は水（お湯）、酒を足して調節して下さい。

調味料について

- 調味料は、原材料表示を確認して選ぶことをオススメします。なるべくシンプルで知っている原料で構成されているものを選びましょう。今回は、醤油はアルコールや添加物が入っていないもの、調理酒は塩が含まれているので普通に飲む日本酒を、みりんはみりん風調味料ではなく本みりんを、酢は甘味とコクを感じる米酢を、ポン酢しょうゆは好みによりますが酸味の強くないものを、油は無味無臭のものを、中華だしの素はペースト状のものを使用しています。顆粒タイプの場合は少し多めに味を見ながら入れて下さい。固形コンソメの素は、メーカーによってグラム数が異なりますが、本書では４ｇのものを使っています。

その他

- 野菜は、特に表記していない場合は、皮を剥いたりへたを取ったりしています。適宜、行なって下さい。
- ポリ袋は食品用のものをお使い下さい。

3章

進化する料理

進化する料理とは

毎日作る家庭料理において、一度作った料理を進化させていくことはとても大切です。レシピ本を見ても、ネット検索や動画サイトを眺めていても、それらは作って食べ切ることが前提の「一品料理」です。たとえば半分冷凍しておくとか、余った分を翌日にアレンジすることまで想定しているものではありません。

しかし、せっかく気力を振り絞り料理を作るのなら、多めに作って使いまわすことが、結果として明日の自分を救うことになります。作った料理を進化させて、明日の料理をぐんとラクにしましょう。

料理を進化させる二つの方法

進化する料理には2種類あります。一つは、「わざわざ多めに作って保存したものを後でアレンジする」で、もう一つは、「食べ切れずに余ったものをアレンジする」方法です。

同じことのようですが、前者はアレンジするために余分に作るので、そのまま冷凍することも可能です。家族に好評で、自分でも無理なく安定して作れるものがあれば、少し多めに作っておくことをオススメします。

後者は、余ったものを翌日「気付かれないようにアレンジして出す」やり方です。フードロスが叫ばれる昨今、単純に「食べ切れなかったから捨てる」という安易なことは避けたいですよね。

その一方で、翌日以降も同じものを食卓に出すと、家族のガッカリ感や自分が引け目を感じることも否めません。子ども達は配慮のかけらもなく、「え！　昨日と同じ。萎《な》えるわー」などと暴言をはき、容赦《ようしゃ》なく地雷を踏んでくるのです。でも、安心して下さい！　そんな時こそ「味変《あじへん》」という使いまわし手法があります。ほんの少しの手間で、調味料や具材を足してガラリとアレンジすれば「昨日の料理がこれ」になったとは気付かれないこともあるのです。

一度作ったものをキレイに食べ切ることは気持ちがよいもので、地球環境を考えても当然のことです。ですから、手を加えて食べ切る知恵を、明日の料理のためにも、家族のためにも身に付けておきましょう。

多めに作って
進化させよう

煮汁も余すところなく使える！
麺つゆチャーシュー

麺つゆチャーシューの煮汁は優秀です。当日使わない場合は、保存容器に入れて冷蔵保存して上に浮いた脂の層を取り除き塩・コショウを加えれば、さっぱりした味のスープになります。また、カレーや炊き込みご飯の水の代わりにも使えます。今回は、チャーシューをチャーハンと中華まんに展開します。

材料（作りやすい分量）

A
- 豚肩ロース塊肉（凧糸でしばる、またはそのままでも）……500g
- 長ネギ（青い部分を10cm長さに切る）……3、4本
- ショウガ（皮付き・薄切り）……3枚
- 日本酒……¼カップ
- 塩……小さじ1
- 水……ひたひたになるまで（約2カップ）

【調味液】
- 麺つゆ（3倍濃縮）……¼カップ
- 鷹の爪……1本
- 八角（あれば）……1個

ほうれん草（ゆでて4cm長さに切る）……適量
からし……適量

作り方

1 鍋にAを全部入れて蓋をし、中火にかける。沸騰したら弱火で60分煮込む。

2 1の肉を取り出して、ポリ袋やフリーザーバッグに入れ、混ぜ合わせた【調味液】に最低2時間ほど漬け込む。

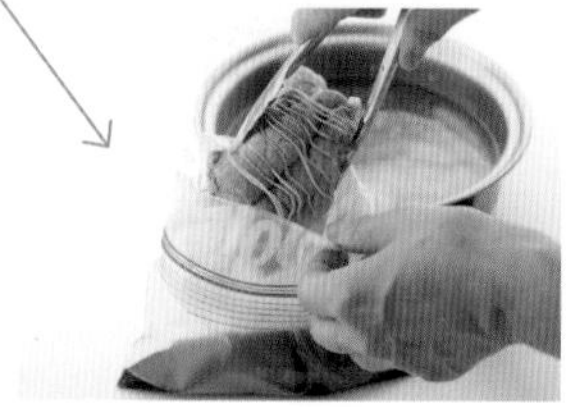

3 2を食べやすい大きさに切って、器に盛り、ほうれん草とからし、お好みで少し煮つめた調味液を添える。

＊2日間は調味液に漬けたまま冷蔵保存。その後は味が濃くなるので、調味液から取り出して薄切りにし、冷凍保存がオススメ。

進化 1

蓋をして90秒待つだけの画期的なチャーハン！

90秒チャーハン

材料（4人分）

油……………………………………大さじ3
卵（塩ひとつまみ入れて溶く）…………2個
温かいご飯…………………………2合分
長ネギ（白い部分をみじん切り）
……………………………………………10cm
麺つゆチャーシュー（p.42・食べやすい大きさの角切り）………………7、8枚

【調味料】

醤油・酒・オイスターソース
………………………………各大さじ1
塩……………………………ふたつまみ

小ネギ（小口切り）……………………適量

作り方

1 フライパンに油を入れて、蓋をして中火にかける。

2 蓋をずらして煙が出るくらい熱くなったら、溶いた卵を入れて木べらで3、4回軽くかき混ぜ、取り出す。半熟で一塊の状態でOK。

3 空のフライパンにご飯、長ネギ、麺つゆチャーシュー、**2**の卵、混ぜ合わせた**【調味料】**を入れて蓋をし、中火のまま90秒加熱する。

4 蓋を取って卵をほぐしながら全体をまんべんなく混ぜ合わせる。 味見

5 **4**を器に盛り、小ネギをかける。

＊具のアレンジ：カニカマ、ハムなど。
＊味のアレンジ：カレー粉小さじ ½ を追加。
味見 ・薄い場合……塩、醤油を足す。

進化 2

熱々で食べて欲しいから、そのままテーブルにドーン！

フライパンで中華まん

材料（4個分）

【皮】

- 小麦粉……………………………150g
- ベーキングパウダー……小さじ2
- 砂糖……………………………大さじ1
- 塩…………………………ひとつまみ
- 牛乳……………………………80ml
- ごま油…………………………大さじ1

【あん】

- ごま油…………………………大さじ½
- 麺つゆチャーシュー（p.42・食べやすい大きさの角切り）……………80g
- 長ネギ（みじん切り）…………10cm

【調味料】

- オイスターソース・醤油……………………………各大さじ1
- 砂糖……………………………大さじ½
- 水……………………………¼カップ

片栗粉……大さじ1（同量の水で溶く）

水…………………………………½カップ

作り方

1 小麦粉、ベーキングパウダー、砂糖、塩を厚手のポリ袋又はフリーザーバッグに入れて混ぜる。

2 電子レンジ（500W）で30秒温めた牛乳とごま油を**1**に入れて混ぜ、塊になったら、1、2分こねる。

3 そのまま常温で15分ほど置いてなじませてから、ポリ袋から取り出し4等分する。

4 【あん】を作る。フライパンにごま油を熱し、麺つゆチャーシュー、長ネギを炒めて、混ぜ合わせた【調味料】を入れ、最後に同量の水で溶いた水溶き片栗粉でとろみを付け、冷ましておく。

5 **3**の皮を1個、直径10cmの円形に伸ばす。

6 **5**に**4**のあんをのせて皮の端をつまんで中央に寄せてしっかりとめる。中央が開いていてもOK。

7 油（分量外）を薄くひいたフライパンを中火にかけ、**6**の中華まんを2cm間隔を空けて置く。

8 水を注いで蓋をし、沸騰したら弱火で10分火を通す。

＊あんの代わりはシューマイ（市販の冷凍でも）もOK。

余ったものを
進化させよう

皮のひと手間がおいしくするコツ！
鶏もも肉の皮パリパリソテー

フライパンでソテーする時に、空いたところにかぼちゃやサツマイモなどを入れて一緒に焼くと、鶏肉から出た脂の旨みで塩・コショウだけでも美味しく焼けます。レタス巻きやサラダに進化させる時は、トースターや魚焼きグリルで少し加熱すると皮のパリパリが復活します。

材料（4人分）

鶏もも肉……………………………2枚（500g）
【下味】
塩…………小さじ1（鶏もも肉の重量の1%）
コショウ……………………………適量
片栗粉………………………………適量
油……………………………………適量
ローズマリー（あれば）…………………1、2本
玉ネギ（5mm幅に切る）…………………$\frac{1}{2}$個
レモン（くし形切り）………………………適量

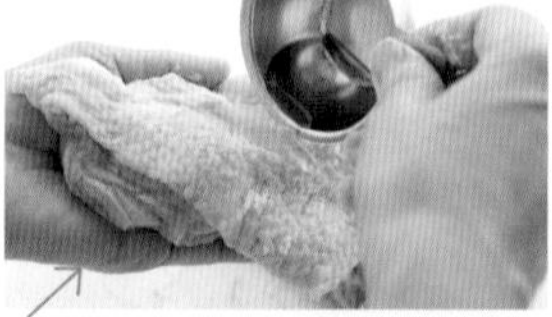

作り方

1 鶏もも肉に塩・コショウをまぶし、皮面に薄く片栗粉を付ける。その上に油を塗る。

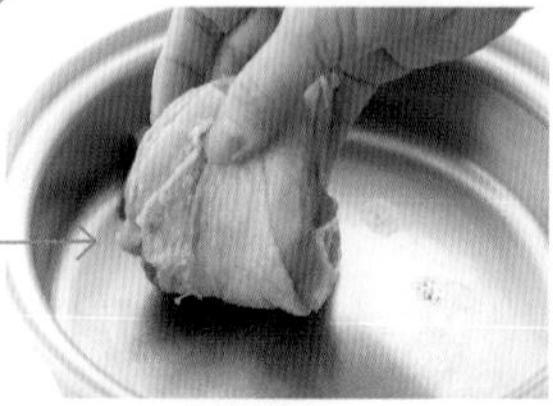

2 フライパンを中火で熱し、鶏もも肉を皮目を下にして入れ、蓋をして焼く。ローズマリーがあれば入れる。

3 皮目に焼き色が付いたら蓋を取り、上下を返す。玉ネギを入れて裏面も焼き上げる。

4 3を器に盛って、レモンを添える。

＊柚子胡椒を添えても。

進化 1

野菜で巻いて食べれば、あっさりいただけます

チキンのレタス巻き

材料（2人分）

サラダ菜（レタス、サンチュでも）……4〜6枚
鶏もも肉の皮パリパリソテー（p.46・食べやすい大きさに切る）…1枚
粒マスタード・ケチャップ……お好みで適量

作り方

1 サラダ菜に、鶏もも肉の皮パリパリソテーをのせ、粒マスタードやケチャップを付けて、巻いて食べる。

＊コチュジャン、柚子胡椒を付けても。

進化 2

ボリューム満点のメインにもなる贅沢サラダ

シーザーサラダ

材料(4人分)

【ドレッシング】

- マヨネーズ・牛乳(または豆乳)……各大さじ1
- ニンニク(すりおろし)……1片
- 塩……ひとつまみ

レタス(ロメインレタス、ベビーリーフ、クレソンでもOK)……200g
プチトマト(半分に切る)……4個
鶏もも肉の皮パリパリソテー(p.46・ひと口大に切る)……適量
温泉卵(お好みで)……1個
粗挽きコショウ・粉チーズ……各適量

作り方

1 【ドレッシング】を混ぜ合わせておく。
2 器にレタス、プチトマト、鶏もも肉の皮パリパリソテーを盛り付け、中央に温泉卵をのせる。
3 ドレッシングと粗挽きコショウ・粉チーズを振りかける。

＊温泉卵は、沸騰した湯に冷蔵庫から出した卵を入れ、火を止め蓋をして 20 分そのままにしておけば完成。

余ったものを
進化させよう

野菜から出る旨みを存分に味わう
塩ポトフ

このポトフこそ、薄味に仕上げておきたいレシピです。甘みが出るサツマイモと風味付けのゴボウは必ず入れて下さいね。塩と白だしだけの味付けなので、後から足す調味料でどんな味にも変化してくれます。ここでは、ピリ辛味のカレーうどんとチゲスープにします。

材料（4人分）

油……………………………………………大さじ1
豚薄切り肉（食べやすい大きさに切り、軽く塩・コショウを振る）…………………………80g
大根（乱切り）………………………………8cm
人参（乱切り）……………………………… 1本
玉ネギ（乱切り）……………………………½個
サツマイモ（乱切り・水にさらす）………½本
ゴボウ（乱切り・水にさらす）……………… 1本
【調味料】
白だし ……………………………… 大さじ3
塩 ……………………………………小さじ1
水 ……………………………………………3カップ
粗挽きコショウ・鰹節・小ネギ（小口切り）
……………………………………………各適量

作り方

1 鍋に油をひき、中火で豚肉を炒める。
2 脂が出てきたら、大根、人参、玉ネギ、サツマイモ、ゴボウを入れ、玉ネギが透き通るまで炒め合わせる。
3 2に【調味料】と水を入れて蓋をし、沸騰したら弱火で10分煮る。 味見
4 お好みで粗挽きコショウを振り、鰹節・小ネギをかける。

＊白だしは 3 カップの水に対しての表示の〈お吸い物〉の配合で。
味見 ・薄い場合……塩、白だしを足す。

進化 1

とろみのある本格的な味
和風カレーうどん

材料（1人分）

【カレー液】

- カレー粉・片栗粉・小麦粉 ……… 各大さじ½
- 水 ……… 大さじ3

油 ……… 大さじ1
豚薄切り肉（食べやすい大きさに切る） ……… 40g
長ネギ（斜め切り） ……… ½本
塩 ……… ひとつまみ
油揚げ（1cm幅に切る） ……… ½枚

【調味液】

- 塩ポトフのスープだけ（p.50） ……… 1と½カップ
- 醤油・みりん ……… 各大さじ1

冷凍うどん ……… 1玉

作り方

1. 【カレー液】はカレー粉、片栗粉、小麦粉を合わせて、水を加えよく練り混ぜる。
2. 鍋に油をひき、豚肉、長ネギの半量、塩を入れて中火で炒める。
3. 肉に軽く焦げ目が付いたら、油揚げ、【調味液】を入れる。
4. 沸騰したら**1**の【カレー液】を入れ、とろみが付いたら冷凍うどんを入れて煮込む。 味見
5. 器に盛り、長ネギの残りの半量を生のまま添える。

＊2玉で作る場合は材料を倍量にする。
味見 ・薄い場合……醤油、塩を足す。

進化 2

味変ならコチュジャンがオススメ！　あっという間に

チゲスープ

材料（2人分）

塩ポトフ（p.50）
…………p.50の出来上がりの半量
コチュジャン・味噌……… 各大さじ1
小松菜（ゆでて4cm長さに切る）
…………………………………………… 適量

作り方

1 鍋に塩ポトフを入れて中火にかけ、コチュジャンと味噌を溶く。電子レンジで加熱してもOK。 味見

2 器に盛り、小松菜を添える。

味見 ・薄い場合……味噌を足す。
・辛さが欲しい場合……コチュジャン、ラー油を後がけする。

余ったものを
進化させよう

シンプルこそ美味！　トマトの旨みをいかして

トマトの塩スープ

胃腸の調子を崩した時に、冷蔵庫にトマトしかなくて作ったレシピですが、トマトから出るだしのあまりの美味しさに涙したほどです。このスープは、具材を足して変化させることで主食にもなるレシピです。パスタを入れたり、春雨を入れたりして楽しめます。

材料（4人分）

トマト（完熟・ざく切り）……………………… 2個
水 ………………………………………………3カップ
塩 ……………………………………… ふたつまみ

作り方

1 鍋にトマトと水を入れて中火にかける。

2 沸騰してトマトが崩れてきたら、塩を加えて味をととのえる。 味見

＊トマトが硬い（青い）場合は常温で1、2日置くとよい。
味見 ・薄い場合……塩を足す。

進化 1

腹持ちするスープパスタに変身
パスタ入りミネストローネ

材料（2人分）

オリーブオイル……………… 大さじ½
ベーコン（ひと口大に切る）
……………………………………4、5枚

【スープ】

- トマトの塩スープ（p.54）
  ………p.54の出来上がりの半量
- 固形コンソメスープの素
  ……………………………………1個（4g）
- ケチャップ………………… 大さじ½

ショートパスタ ……………… 50g（乾燥）
粗挽きコショウ・パセリ（みじん切り）
…………………………………… 各適量

作り方

1 鍋にオリーブオイルをひき、ベーコンを加えて、中火で炒める。

2 ベーコンに少し焦げ目が付いたら【スープ】とパスタを入れる。

3 パスタが柔らかくなったら、器に盛ってお好みで粗挽きコショウをかけ、パセリを散らす。味見

味見・薄い場合……塩、ケチャップを足す。

進化
2

春雨を加えて中華風に

ネギ春雨スープ

材料（2人分）

【スープ】

- トマトの塩スープ（p.54）……p.54の出来上がりの半量
- 長ネギ（斜め切り）…… ½本
- 中華だしの素（ペースト状）…… 大さじ½

- 卵 …… 1個
- 春雨 …… 15g（乾燥）

作り方

1. 鍋にトマトの塩スープと長ネギ、中華だしの素を入れて中火にかける。味見
2. 沸騰したら卵を溶き入れて春雨を加える。
3. 春雨がちょうどよい硬さになればできあがり。

＊お好みでごま油をたらしたり、ラー油を加えて辛くしても！

味見 ・薄い場合……塩、醤油、中華だしの素（ペースト状）を足す。

多めに作って進化させよう

まとめて作っておけば、いろいろ使える！

ピリ辛もやし

材料（作りやすい分量）

もやし……………………2袋（400g）

【調味料】

- 醤油・ごま油………各大さじ2
- 中華だしの素（ペースト状）・砂糖…………………各大さじ1
- 豆板醤……………………大さじ½
- ラー油………………………7、8滴

作り方

1 もやしを鍋に入れ、ひたひたの水を入れて中火にかける。

2 沸騰したらさっとかき混ぜてざるに上げ、水気をしっかり切ってもやしが熱いうちに混ぜ合わせた【調味料】にからめる。 味見

＊半量で作ってもＯＫ。
＊そのままでも、冷やし中華にタレごとかけても美味しい！
＊冷蔵庫で３日保存できる。
味見 ・薄い場合……醤油、中華だしの素（ペースト状）を足す。

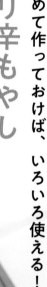

進化 1

はんぺんを入れることでふわっふわの口当たりに！

もやしのお好み焼き

材料（1枚分）

【生地】

- 小麦粉……大さじ4
- 卵……1個
- 水……大さじ2
- 鰹節……3g

【具】

- ピリ辛もやし（p.58・水分を切って小口切り）…p.58出来上がりの半量
- はんぺん（袋の上からよくつぶす）……1枚（110g）
- 長ネギ（小口切り）……5cm
- 溶けるチーズ……30g

油……大さじ1
豚バラ肉（3cm幅に切る）……50g
ソース・マヨネーズ・青のり……各適量

作り方

1. ボウルに【生地】の材料を入れて混ぜ合わせ、【具】の材料を入れてさらに混ぜ合わせる。
2. フライパンに油をひいて、生地を流し入れ、蓋をして中火で焼き目が付くまで5分ほど焼く。
3. 蓋を取って生地の上に豚バラ肉をのせたら、ひっくり返して裏面も同様に焼く。
4. 器に盛り、ソース・マヨネーズ・青のりをかける。

＊手間のかかる山芋のすりおろしの代わりにはんぺんを使う。

進化 2

タレごとかければ、味付けいらず

豚しゃぶのもやしサラダ

材料（2人分）

キャベツ（芯を除きひと口大に切る）……¼個
豚しゃぶしゃぶ肉……200g
ピリ辛もやし（p.58・タレごと）……p.58の出来上がりの半量

作り方

1 鍋に湯を沸かしてキャベツを入れ、30秒ほどゆでて取り出す。
2 沸騰した湯に豚肉を入れて、色が変わったら引き上げて冷水には浸けずにそのまま冷ます。
3 皿にキャベツと豚肉を盛り付け、ピリ辛もやしをのせる。 味見

＊お好みでかいわれ大根を添えても。
味見 ・薄い場合……ポン酢しょうゆを足す。

進化 3

マヨネーズとごまでマイルドな味わいに

もやしハムマヨ和え

材料（4人分）

ピリ辛もやし（p.58・水気を切る）……p.58の出来上がりの半量
ハム（細切り）……3枚
キュウリ（細切り）……1本
マヨネーズ・すりごま……各大さじ1

作り方

1 ボウルに材料を入れて混ぜ合わせる。 味見

味見 ・薄い場合……塩、醤油を足す。

多めに作って
進化させよう

冷蔵でも冷凍でも保存でき、使い勝手抜群！

蒸しゆで青菜

材料（作りやすい分量）

ほうれん草（小松菜や春菊でも）……1束
水……大さじ2

作り方

1 ほうれん草をよく洗って鍋に入れ、水を加えて蓋をして中火にかける。

2 蒸気が出たら弱火で1分程度（野菜が好みの硬さになるまで）火を通し、ざるに上げて冷水を軽くかけて冷ます。水気を絞って4、5cm長さに切る。

＊冷蔵庫で２日、冷凍庫で２週間ほど保存できる。

進化
1

クリーミーでコクのあるディップ！　〝持ち寄り〟にも便利な１品
ほうれん草のディップ

材料（作りやすい分量）

バター……………………………………50g
玉ネギ（みじん切り）………………… ¼個
生クリーム……………………… ½カップ
蒸しゆでほうれん草（p.62・みじん切り）
……………………………………… ¼束
ニンニク（すりおろし）
……………… 1片（またはチューブ2cm）
塩 ………………………………… 小さじ½
コショウ…………………………… 適量
バゲット…………………………… 適量

作り方

1 鍋にバターを入れ、中火で玉ネギが透き通るまで炒める。
2 1に生クリーム、蒸しゆでほうれん草、ニンニクを入れて、中火でとろみが付くまで煮込む。
3 塩・コショウで味をととのえる。味見
4 3を器に盛り、バゲットを添える。

＊ゆで野菜に付けても。パスタソースにもなる。
味見・薄い場合……塩を足す。

進化 2

シャキシャキの食感を楽しむ

ほうれん草の豚肉巻き

材料（2人分）

蒸しゆでほうれん草（p.62）……½束
豚薄切り肉（バラまたはロース）……200g
塩・コショウ・片栗粉……各適量
油……大さじ1
ポン酢しょうゆ……適量

作り方

1 蒸しゆでほうれん草を豚肉で巻き、塩・コショウを振って片栗粉をまぶす。
2 フライパンに油をひき、**1**の巻き終わりを下にして中火で焼き色が付くまで転がしながら焼く。
3 器に盛り、ポン酢しょうゆをかける。

＊小松菜や春菊でも。

進化 3

オイルベースのツナ缶を調味料に

春菊のツナポン和え

材料（2人分）

蒸しゆで春菊（p.62）……1束
ツナ缶（オイルベースのもの）……1缶
ポン酢しょうゆ…大さじ1〜好みで
オリーブオイル……大さじ1

作り方

1 ボウルに、蒸しゆで春菊、ツナ缶（オイルごと）、ポン酢しょうゆ、オリーブオイルを入れて和える。味見

味見・薄い場合……ポン酢しょうゆを足す。

多めに作って
進化させよう

ショウガをきかせた常備菜
しっとりそぼろ

材料（作りやすい分量）

ひき肉（鶏や豚、合いびき肉など）……200g
ショウガ（みじん切り）……大さじ山盛り1
醤油・酒・みりん……各大さじ1
砂糖……大さじ½

作り方

1 鍋にすべての材料を入れて中火で肉をほぐしながら煮詰める。 味見

＊冷蔵庫で３日、冷凍庫で２週間ほど保存できる。
味見 ・薄い場合……醤油を足す。

進化 1

シンプルな調味料で、お店の味を越える！
和風ミートソース

材料（2人分）

しっとりそぼろ（p.66・合いびき肉で作ったものがオススメ）……200g
玉ネギ（みじん切り）……小1個
【調味料】
- ケチャップ……大さじ3
- ウスターソース……大さじ1
- 塩……ひとつまみ
- コショウ……適量

バター……大さじ1
パスタ（ゆでる）……180g（乾燥）
パセリ（みじん切り）……適量

作り方

1 鍋にしっとりそぼろ、玉ネギ、【調味料】を入れて混ぜ合わせ、蓋をして中火にかける。
2 煮立ったら弱火で5分加熱し、蓋を取って混ぜながら中火で3〜5分ほど煮詰める。 味見
3 火を止めてバターを加え、余熱で溶かす。
4 器にパスタと**3**を盛り、パセリを散らす。

味見 ・薄い場合……ケチャップ、塩・コショウを足す。

進化
2

肉味噌が食欲をそそる、野菜たっぷりのバランスご飯
ビビンバ

材料（2人分）

しっとりそぼろ（p.66）………大さじ6
コチュジャン……………………大さじ2
【人参ナムル】
人参（細切り）………………………½本
A
ニンニク（すりおろし）……………1片
中華だしの素（ペースト状）・ごま油
……………………………各小さじ½
塩……………………………ふたつまみ
【小松菜ナムル】
蒸しゆで小松菜（p.62）
………………………………1株（50g）
醤油・ごま油…………各小さじ1
ご飯………………………………2膳分
ピリ辛もやし（p.58）……………約50g
炒りごま……………………………適量

作り方

1 しっとりそぼろにコチュジャンを混ぜる。
2 人参を耐熱容器に入れて、少量の水（分量外）をかけてラップをして電子レンジ（500W）で1分半加熱し、混ぜ合わせた**A**で和える。
3 小松菜を醤油とごま油で和える。
4 どんぶりにご飯をよそって、**2**の人参ナムル、**3**の小松菜ナムル、ピリ辛もやし、**1**のそぼろをのせて炒りごまを振る。

＊お好みで温泉卵（p.49）を添える。

進化
3

かぼちゃの甘みとあんの相性抜群！
あんかけかぼちゃ

材料（4人分）

かぼちゃ（種を取り、食べやすい大きさに切る）………………………………¼個
水……………………………………大さじ1
【そぼろあん】
しっとりそぼろ（p.66・鶏ひき肉で作ったものがオススメ）……………100g
水………………………………½カップ
白だし（または麺つゆ）………大さじ1
片栗粉…大さじ1（同量の水で溶く）
木の芽（あれば）……………………1枚

作り方

1 かぼちゃを耐熱容器に入れて、水を振りかけ、ラップをして電子レンジ（500W）で8分加熱し、器に盛る。
2 鍋に【そぼろあん】のそぼろと水を加えて中火で加熱し、白だしを入れて味をととのえる。味見
3 最後に同量の水で溶いた水溶き片栗粉を入れて、とろみが付いたら、**1**のかぼちゃにかける。
4 **3**を器に盛り、木の芽を添える。

味見・薄い場合……白だしを足すか、食べる時にわさびや七味を添える。

COLUMN 2

余りがちな瓶詰めを使った消費レシピ

**岩海苔やなめたけなどの瓶詰めを１瓶丸々使い切るのは
意外と難しいものです。そこでオススメなのが、味付けに使うこと。
いつもとはひと味違った味わいになりますよ。**

海苔の風味がアクセント！

レンジで岩海苔グラタン

材料と作り方（2人分）

1 厚手のポリ袋、又はフリーザーバッグに5mm厚さに切った**じゃがいも1個**、薄切りした**玉ネギ½個**、**ペンネ70g**（乾燥のまま・早ゆでタイプがオススメ）、石づきを取ってほぐした**しめじ½パック**、**小麦粉大さじ1と½**を入れ、空気を入れて口を閉じてよく振る。

2 鍋に**1の具材**、**牛乳1と¾カップ**、**固形コンソメの素1個（4ｇ）**を入れて蓋をし、中火で加熱する。

3 沸騰したら蓋を5cmずらし、弱火でペンネが柔らかくなるまで煮る。途中何度か鍋底からかき混ぜる。煮る時間は、ペンネゆで時間の表示の約2割増しを目安にする。

4 **塩小さじ1**、**コショウ少々**で調味してから耐熱容器にうつす。

5 汁気を切った**ツナ缶1個（オイルでもノンオイルでも）**、**岩海苔大さじ1**、**溶けるチーズ適量**を上にのせて電子レンジ（500W）で3分加熱する。

＊岩海苔活用法
パンに岩海苔とチーズをのせてトースト。沸騰した湯に岩海苔、ネギ、わかめを入れ、塩・コショウで味をととのえればスープにも。

柚子胡椒となめたけ、２つの瓶詰めの掛け合わせ

なめたけ柚子胡椒パスタ

材料と作り方（2人分）

1 ボウルに**バター（またはオリーブオイル）大さじ2**、**なめたけ大さじ山盛り4（60g）**、**柚子胡椒大さじ½**を入れて混ぜておく。

2 **パスタ180g（乾燥）**をゆでて**1**に入れて絡める。パサつく場合はゆで汁を大さじ1程度様子を見て入れる。

3 器に盛り、お好みで刻み海苔をのせる。

＊なめたけ活用法
卵焼きに入れる、チャーハンの具、うどんのトッピングなど。

4章

アレンジできる調理法

料理名ではなく、調理法から献立を考える

一般的には、「何を作るか」で献立を考えることが多いと思いますが、同じように「どの調理法で作るか」で献立を考えることで、料理のレパートリーが増えます。

たとえば、焼く、煮る、揚げる、蒸す、漬けるなどの調理法があります。2章では、料理を考える時に、蒸し煮という方法がラクであることをお伝えしました。私の料理は基本的には、この蒸し煮が多いのですが、この章では、「一発《いっぱつ》蒸《む》し」「包む」「ホットプレート調理」「漬け込み」の4つの調理法をご紹介したいと思います。

この4つの調理法は、食材や味付けを変えることで、献立の幅がぐんと広がります。

● 一発蒸し

鍋に水を張ってその上に網をセットし（鍋の直径より網が小さくて水に浸ってしまう場合は、台座としておちょこを2、3個、または深皿などを置き、その上に網をセット）、食材を置いて蒸すのが「蒸し料理」です。今回紹介する「一発蒸し」は、さらに簡単。水すら張らずに鍋に食材を入れて、少量の水やお酒で蒸すだけです。

●包む

クッキングシートやアルミホイルに食材を包んで調理する「包み焼き」「包み蒸し」は、後片付けまで含めて簡単です。あらかじめ食材を包んで冷蔵庫に仕込んでおけるので、食べたい時に加熱するだけで食器も手も汚れません。

●ホットプレート調理

「ホットプレートの出し入れは男の仕事」というご家庭はありませんか？　これ幸いとテーブルの真ん中にドンと鎮座させたら調理までお任せしてしまいましょう。あとは野菜と肉などを用意するだけです。

●漬け込み

漬け込み料理には2種類あって、「漬け込んだ食材を加熱する」か「加熱してからタレに漬け込む」かのいずれかです。この章では、後者の「加熱したものを漬け込む」レシピをご紹介します。

調理法①

一発蒸し

「蒸す」調理法は、ハードルが高いと感じる人もいますが、蒸し器は一切必要ありません。フライパンひとつで十分です。ヘルシーで素材の味が存分に引き出される調理法です。特に魚や野菜はこの調理法が一番甘さを感じますよ。

基本の蒸し方

1

材料と調味料をフライパンに並べる。

2

水や調味料を入れる。

3

蓋をして中火で蒸す。

使うのは、フライパンや鍋など。

おもてなしにも使える！　切り身を使えば簡単

白身魚のアクアパッツァ

材料（4人分）

白身魚の切り身（タイ、サーモン、さわらなど）……………4切れ
あさり（塩水で砂抜きをする）……………1パック
トマト（ざく切り）……………1個
ニンニク（薄切り）……………1片
玉ネギ（みじん切り）……………$\frac{1}{2}$個
【調味料】
白ワイン……………$\frac{3}{4}$カップ
塩・コショウ……………各適量
ハーブ（タイムやローズマリーなど）……………あればお好みで
レモン（くし形切り）……………適量
オリーブオイル……………適量
パセリ（みじん切り）……………あればお好みで

作り方

1. フライパンに白身魚を入れ、そのまわりに他の食材を置く。
2. 【調味料】とハーブを入れて、蓋をして中火で加熱する。
3. あさりが開いて、魚に火が通ったら、レモンをのせてオリーブオイルをまわしかけ、パセリを散らす。味見

味見・薄い場合……塩を足す。

一発蒸し

コチュジャンとバター、トマトでコク旨

ピリ辛白菜鍋

材料（4人分）

白菜（縦割り）……………………………1/4個
豚バラ肉……………………………200g
【調味料】
コチュジャン・味噌
……………………………各大さじ2
トマト缶（カット）……………………1缶
バター……………………………大さじ1
塩・コショウ……………………各適量

作り方

1 白菜の間に豚バラ肉を挟み、長さを4等分に切る。
2 **1**を鍋に入れて【調味料】を全部上にのせて蓋をし、中火で加熱する。

3 沸騰したら弱火にし、白菜が好みの硬さになるまで火を通す。 味見

＊残ったスープにご飯、牛乳、チーズを加えればリゾットに。
＊スープはそのままパスタソースにしても。
味見 ・薄い場合……味噌、塩を足す。

一発蒸し

野菜を敷いて蒸せば、一石二鳥

フライパン焼売（シューマイ）

材料（4人分）

玉ネギ（みじん切り）……………… 小½個
片栗粉………………………………… 大さじ3
豚ひき肉 …………………………… 200g
【調味料】
ごま油・砂糖・醤油
……………………………… 各大さじ1
ショウガ（すりおろし）・中華だしの
素（ペースト状）………… 各小さじ1
焼売の皮 …………………………… 20枚
【トッピング】
コーン・グリーンピースなど
……………………………… 各適量
人参（細切り）・えのきだけ（4cm長さに切る）など ………………………… 各適量
水 ………………………………… ¼カップ

作り方

1 ボウルに玉ネギを入れ、片栗粉をまぶす。
2 **1**に豚ひき肉と【調味料】を入れて混ぜたら、焼売の皮で包み、トッピングをのせる。
3 フライパンに人参・えのきだけを敷き詰め、上に**2**の焼売をのせて、水を注ぎ、蓋をして中火で加熱する。
4 沸騰したら弱火で10分蒸し焼きにする。

＊しっかり味がついているのでそのまま食べてもよいが、ポン酢しょうゆやからしを添えても。
＊焼売は、間隔を 2cm ほど空けて置くように。

調理法 2

包む

「疲れた時は包み調理」が我が家の定番になっています。味付けはほとんど必要なく、肉や魚と野菜を一緒に調理でき、栄養のバランスもよいからです。肉や魚の下に敷き詰める玉ネギが少し焦げて驚愕の甘さになり、これには家族一同うっとりしています。

基本の包み方

1

クッキングシートやアルミホイルの中央に材料をのせ、味付けする。

2

上下と左右を折ったり、絞ったりして具材をしっかり包む。

3

2 を鍋やフライパンに入れて、蓋をして加熱する。

使うのは、クッキングシートやアルミホイルなど。

しっとり自家製サラダチキン

ささみの包み蒸し

材料（2人分）

ささみ（筋を取る）……4本
塩・コショウ……各適量
水……適量
レモン（くし形切り）……適量

作り方

1. クッキングペーパーにささみをのせ、塩・コショウをし、上下と左右を折って包む。
2. 鍋に1cmほど水を入れて上に網をセットして**1**をのせる。（ココットなどを土台にしてその上に網を置いてもよい）
3. 蓋をして中火にかけ、沸騰したら弱火で5分ほど火を通す。
4. お好みでレモンを添える。

＊水に鶏ガラスープの素（顆粒）を入れるとスープも同時調理できる。
＊お好みでポン酢しょうゆをかけても。

包む

たっぷりきのこの旨みを逃がさない
きのこバター

材料（2人分）

きのこ（えのきだけ、しいたけ、まいたけ、エリンギなど）……… 合わせて200g
ベーコン（細切り）…………………2、3枚
【調味料】
- バター……………………………10g
- 醤油………………………… 小さじ$\frac{1}{2}$
- 塩・コショウ………………… 各適量

パセリ（あれば・みじん切り）……… 適量

作り方

1 きのこは、石づきを取り、ほぐしたり、食べやすい大きさに切る。

2 クッキングシートに**1**、ベーコン、【調味料】の順にのせて包み、調味料がこぼれ出さないように、両端をしっかりねじる。

3 フライパンに**2**を入れて蓋をし、中弱火で10分ほど火を通す。 味見

4 器にのせ、クッキングシートを開いて、パセリを散らす。

＊4 人分作る時には、同じようにして全部で 2 個包んで蒸し焼きに。
＊テフロン加工のフライパンを使う場合は、作り方 3 で水大さじ 2 を入れて加熱する。
味見 ・薄い場合……塩・コショウを足す。

包む

味噌とバターのコクがプラスされた

鮭のちゃんちゃん焼き

材料(1人分)

玉ネギ(輪切り)……………………… ¼個
鮭 ……………………………………1切れ
【調味料】
味噌………………………………大さじ1
みりん・ショウガ(すりおろし)
……………………………各大さじ½
しめじ(石づきを取ってほぐす)…… 適量
バター……………………………大さじ1
かいわれ大根(あれば)…………… 適量

作り方

1 クッキングシートに玉ネギ、鮭、混ぜ合わせた【調味料】、しめじ、バターの順でのせて包み、調味料がこぼれ出さないように、両端をしっかりねじる。

2 フライパンに**1**を入れて蓋をし、中弱火で10分ほど火を通す。 味見

3 器にのせ、クッキングシートを開いて、かいわれ大根をのせる。

＊鮭は、白身魚にしてもＯＫ。
＊4 人分作る時には、同じようにして全部で 4 個包んで蒸し焼きに。
＊テフロン加工のフライパンを使う場合は、作り方 2 で水大さじ 2 を入れて加熱する。
味見 ・薄い場合……七味をかける、レモンを搾る。

調理法 3

ホットプレート調理

普段あまり手伝いをしない我が家の男子たちも、ホットプレートを見ると血が騒ぐ?ようです（笑）。焼いて食べるだけなのに、こんなにも喜ばれるなんて、日々作っている料理は「いったい何なんだろうか」とすら思いますが、簡単で会話もはずむ調理法です。

使うのは、ホットプレート。

下準備

チーズとコーンスターチ、牛乳をよく混ぜ合わせておく。

厚手のポリ袋やフリーザーバッグなどに材料と調味料を入れ、30 分から一晩おいて味をなじませておく。

串にそれぞれの材料をさしておく。

具材は好きなものでOK！　ワイワイ楽しい

チーズフォンデュ

材料（4人分）

溶けるチーズ（ピザ用など）……200g
コーンスターチ（または片栗粉）……小さじ1
牛乳……½カップ
【具】
ウインナー・バゲット・じゃがいも（ゆでてくし形切り）、ブロッコリー（小房に分けてゆでる）など……適量

作り方

1 耐熱容器にチーズ、コーンスターチ、牛乳を入れ、ラップをせずに電子レンジ（500W）で2分加熱する。

2 1をよく混ぜて、チーズが溶けるまで再度電子レンジで30秒〜様子を見ながら加熱し、混ぜ合わせる。

3 2をココットなどにうつしホットプレートにのせ、【具】を空いたスペースにのせて、160度くらいで焼きながら、チーズを付けて食べる。

＊チーズが煮詰まったら牛乳を入れてよく混ぜる。

ホットプレート調理

漬け込んでおけば、あとは焼くだけ！

プルコギ

材料（2人前）

A
- 牛薄切り肉（食べやすい大きさに切る）……200g
- 玉ネギ（薄切り）……½個
- 人参（細切り）……½本
- ニラ（4cm長さに切る）……¼束

【調味料】
- 醤油・酒・コチュジャン……各大さじ1
- ニンニク（すりおろし）……1片

ごま油……大さじ1
炒りごま……適量

作り方

1. 厚手のポリ袋やフリーザーバッグにAと【調味料】を入れてもみ込み、冷蔵庫で30分から一晩おく。
2. ホットプレートを中火（200度）にし、ごま油をひいて**1**の具材を炒める。 味見
3. 仕上げに炒りごまをかける。

味見 ・薄い場合……醤油、塩を足す。

ホット
プレート
調理

ホットプレートでおうち居酒屋！　自家製ダレでいただきます

焼き鳥

材料（4人前）

鶏もも肉（ひと口大に切る）
……………………1枚（約300g）
長ネギ（4cm長さに切る）……………1本
シシトウ……………………16本
エリンギ（7mm厚さに薄切り）
……………………1パック

【タレ】
醤油・みりん…………各½カップ
砂糖…………………大さじ1
七味唐辛子………………適量

作り方

1 串に鶏肉、長ネギを交互にさす。シシトウ、エリンギもそれぞれ串にさす。

2 よく熱したホットプレートに串を並べる。

3 蓋をして中火（200度）で焼き、焼き色が付いたらひっくり返して裏面も焼く。

4 鍋に【タレ】を入れ、約半量になるまで中火で5、6分煮詰める。好みで七味唐辛子を添える。

＊タレ以外に塩、わさびなどを添えても。

調理法 4

漬け込み

汎用性が高い漬けダレは、辛さや酸味をお好みに調節できます。また、素材の味が染み出るので、漬けダレをドレッシング代わりに使えます。まさに、使い切り料理のお手本のようです。今回の漬けダレは共通のものを使用します。

使うのは、ホーローなどの保存容器。

基本の漬け込み方

1

保存容器に漬けダレの材料を入れ、混ぜ合わせておく。

2

焼いたり、揚げたりした具材を漬け込んで、20 分ほどおいて味をなじませる。

温かくても冷たくても美味しい！

サーモンの南蛮漬け

材料（2人前）

【漬けダレ】保存容器に混ぜ合わせておく

- ポン酢しょうゆ……………1/2カップ
- 酢・砂糖……………………各大さじ1
- 鷹の爪（お好みで）……………………1本

サーモン（刺身用・適当な大きさに切る）
……………………………………………1冊

塩・コショウ………………………各適量

片栗粉…………………………………適量

油……………………………………大さじ4

【野菜】

- 玉ネギ（薄切り）……………………1/2個
- 人参（細切り）………………………1/2本
- 水菜（4cm長さに切る）……………1/4束

作り方

1 サーモンはキッチンペーパーなどで水気をしっかり拭き取り、塩・コショウをしてポリ袋に入れて片栗粉をまぶす。

2 フライパンに油大さじ2をひいて、中火で【野菜】を軽く炒め、【漬けダレ】に漬け込む。

3 **2**のフライパンに油大さじ2を足し、サーモンをこんがり焼いて【漬けダレ】に漬け込み、20分ほどおいて味をなじませる。味見

味見・薄い場合……ポン酢しょうゆを足すか、食べる時に七味をかける。

漬け込み

テリテリになった野菜と肉が絶品！

茄子と鶏肉の甘酢漬け

材料（4人分）

【漬けダレ】保存容器に混ぜ合わせておく

- ポン酢しょうゆ……………½カップ
- 酢・砂糖……………………各大さじ1
- 鷹の爪（お好みで）……………………1本

茄子（乱切り）……………………………2本
ピーマン（ひと口大に切る）…………2個
みょうが（半分に切る）…………2、3本
鶏むね肉（ひと口大に切る）…………1枚
塩・コショウ……………………各適量
片栗粉………………………………適量
油………… フライパンに3mm程度

作り方

1 茄子・ピーマン・みょうが・鶏むね肉はキッチンペーパーなどで水気をしっかり拭き取り、鶏むね肉は塩・コショウをしてポリ袋に入れて片栗粉をまぶす。

2 フライパンに油を入れて中火で熱し、茄子・ピーマン・みょうがを素揚げして【漬けダレ】に漬け込む。

3 2のフライパンで鶏むね肉を揚げて【漬けダレ】に漬け込み、20分ほど置いて味をなじませる。味見

＊野菜（特にみょうがの内側）は水分が残っていると油はねの原因になるので水気を丁寧に拭き取り、みょうがは短時間で揚げて取り出す。

味見 ・薄い場合……ポン酢しょうゆを足す、食べる時に七味をかける。

5章

変化する食材

食材のいつもと違う使い方

食材が変化するとはどういうことでしょうか？　それは、いつもと違う使い方をしてみるという発想です。たとえば、豆腐や納豆など複数個セットで売っているもの、価格が安定しているもの、一度に使い切れないものなどは変化させやすい食材と言えます。また、味を変えて食べ切ることで、食材の無駄もありません。

今回は、まとめ買いしたきのこを冷凍したものや、豆腐、納豆、カニカマの他、使い切りが難しい餃子の皮などを変化させます。ここでお伝えしておきたいのは、「原材料が同じであれば代用できる」という大原則です。餃子や春巻きの皮は、同じ小麦粉だと考えれば、使いまわしのイメージがしやすいと思います。

また、この章の最後には「買ったはいいけど使い切れない」代表の大根、白菜、キャベツの使い切りレシピもご紹介します。大きな野菜は買ってきたら一気にさばいてしまいましょう。少しずつ使いながら野菜室に入れておくと、劣化が早まるばかりです。当然、最初に丸ごとさばく作業は果てしなく面倒です。しかし、それが何日か後の自分を救います。また、大きなままだと野菜室に入りきらないという問題もクリアできます。

ですから、切ったり、塩でもんだり、ゆでて冷凍したりと、一気に解体作業をしてしまいます。こうしておけば1、2日は包丁とまな板をほとんど使わなくても調理でき、まさに努力が報われた気持ちになるでしょう。

買い出しがラクになる

変化する食材を知っていることは、買い出しの悩みもラクにしてくれます。よく「スーパーで何を買ったらよいか分からない」や、逆に「毎日買い出しに行かないと料理が作れない」などの悩みを耳にします。

ですが、参考のレシピと全く同じ材料がなくても、あるものや余っているもので代用できる場合もあるのです。知識があれば必然的に買い出しの頻度も減り、買い物に行った時にも何を買っておけばよいかが明確になります。

これぞ「買い物力」です。悩んだ時やお買い得の時には、変化して使える食材をついでに買っておけば、いざという時に役立ちます。

練りごまがなくても OK！　クリーミーな口あたり

簡単白和え

材料（4人分）

水菜（4cm長さに切る）……………………1束
塩 ……………………………… ふたつまみ
【和え衣】
木綿豆腐（水切りしたもの）
……………………………… 1丁（150g）
マヨネーズ・麺つゆ・すりごま（白）
……………………………… 各大さじ1
わさび ……………………… 小さじ½
ちくわ（4cm長さの細切り）…………2本
鰹節 ……………………………………… 適量

作り方

1 水菜に塩をまぶして10分ほどおき、熱湯をまわしかけて粗熱が取れたら水気を絞る。
2 ボウルに【和え衣】を入れて混ぜ合わせ、**1**とちくわを加えて混ぜる。 味見
3 器に盛ってお好みで鰹節をのせる。

味見 ・薄い場合……麺つゆを足す。

MEMO

豆腐の水切りは、パックの上下 2 カ所に切り込みを入れ、30 分ほどシンクに立てかけておくと簡単にできる。

チーズのような濃厚な味わい

豆腐の味噌漬け

材料（作りやすい分量）

木綿豆腐（絹でも・水切りしたもの）……………………1丁（150g）

【調味料】

- 味噌……………………大さじ2
- みりん……………………大さじ1

作り方

1. しっかり水切りした豆腐に、混ぜ合わせた【調味料】をまんべんなく塗る。
2. ラップで包んで冷蔵庫で2晩寝かす。
3. 味噌をぬぐって食べやすい大きさに切る。 味見

＊漬け込んだ味噌に、刻んだ長ネギを入れて、豆腐の味噌漬けや厚揚げの上にのせてグリルで焼いても。

味見 ・薄い場合……漬け込んだ味噌をのせて食べる。

いつものサラダに飽きたらひと手間加えて

ツナ豆腐ディップ

材料（作りやすい分量）

絹豆腐（水切りしたもの）
……………………………1丁（150g）

【調味料】

オイスターソース・ごまドレッシング……………各大さじ1
塩………………………………少々

ツナ缶（オイルでもノンオイルでも）
……………………………………1缶

大根・キュウリ・人参（拍子木切り）
…………………………………各適量

作り方

1 水切りした豆腐と【調味料】を滑らかになるまで泡立て器で混ぜ合わせ、汁気を切ったツナを加えてさらに混ぜる。 味見

2 1を器に盛り、大根、キュウリ、人参を添える。

味見 ・薄い場合……オイスターソース、塩を足す。

ミックスきのこを変化させよう 1

3種類以上きのこを混ぜれば、旨みのハーモニー

きのこのマリネ

材料（作りやすい分量）

油……大さじ1
ニンニク（薄切り）……1片
ミックスきのこ……400g
【マリネ液】
酢……大さじ3
鶏ガラスープの素（顆粒）・醤油・みりん……各大さじ1
コショウ……適量

作り方

1 フライパンに油をひいて中火でニンニクを炒め、香りが出たらミックスきのこを加えて炒める。

2 混ぜ合わせた【マリネ液】を1に加え、さっと炒め合わせる。 味見

＊仕上げにパセリをかけても。
味見・薄い場合……塩・コショウ、醤油を足す。

MEMO

ミックスきのこは、しめじ・えのきだけ・まいたけなど3種類以上のきのこの石づきを取って食べやすい大きさに切るか割いたもの。冷凍保存したものを使ってもOK。

柚子胡椒がピリッときいた

きのこの和風パスタ

材料（2人分）

オリーブオイル……………………大さじ2
ニンニク（薄切り）…………………………1片
ミックスきのこ（P.95）……………200g
ベーコン（5mm長さに切る）……3、4枚
塩・コショウ…………………………各適量
パスタ（ゆでる）……………180g（乾燥）

【調味料】

麺つゆ（3倍濃縮）……………大さじ2
柚子胡椒……… 小さじ1/2〜好みで

粗挽きコショウ………………………適量

作り方

1 フライパンにオリーブオイルとニンニクを入れて中火で熱し、香りが出たらきのことベーコンを炒め、軽く塩・コショウをする。

2 **1**にゆでたパスタを加え、【調味料】で和えて味をととのえる。パサつく場合はゆで汁適量を足す。味見

3 皿に盛り、お好みで粗挽きコショウを振る。

＊仕上げに細切りにした海苔を添えても。
味見・薄い場合……塩、麺つゆ、柚子胡椒を足す。

きのこの旨みが移ったオイルはパンをつけてどうぞ

きのこのアヒージョ

材料（4人分）

A
- ミックスきのこ（P.95）……… 200g
- ニンニク（4等分に切る）………… 2片
- 塩 ………………………… ひとつまみ
- 鷹の爪 ……………………………… 1本

オリーブオイル …………………… 適量
タコ（ボイル・小さめに切る）……… 150g
フォカッチャ ………………………… 適量

作り方

1 小鍋にAをすべて入れ、オリーブオイルをひたひたに注ぎ、中火で加熱する。

2 フツフツしてきたらタコを入れて、弱火で2分火を通す。 味見

3 フォカッチャなどに付けて食べる。

＊タイムがあれば、作り方１で一緒に加熱しても。
味見 ・薄い場合……塩を足す。

ラザニアシートを使うより簡単で味は本格的！

レンジで茄子のラザニア

材料（4人分）

【ホワイトソース】

- バター……20g
- 小麦粉……20g
- 牛乳……1カップ
- 塩……ひとつまみ

茄子（5mmの輪切りを水にさらしてから水を切ってラップをし、500Wの電子レンジで5分加熱）……2本

餃子の皮……1袋（20枚）

ミートソース（または和風ミートソース・p.67）……1缶（約290g）

溶けるチーズ……適量

パセリ（みじん切り）……適量

作り方

1 【ホワイトソース】を作る。鍋にバターを溶かして小麦粉を入れ、中弱火で1、2分炒める。2、3回に分けて牛乳を入れ、中火にして泡立て器でかき混ぜながら煮詰め、塩を加える。

2 耐熱容器に茄子（半量）、ホワイトソース（半量）をのせ、餃子の皮10枚を少しずつずらしながら重ね合わせ、ミートソースの半量をのせる。

3 **2**の上に、残りの茄子、ホワイトソース、餃子の皮10枚、ミートソースを同じように重ね合わせてのせ、上からチーズをたっぷりのせる。

4 電子レンジ（500W）でチーズが溶けるまで6〜8分様子を見ながら加熱し、仕上げにパセリを散らす。

＊餃子の皮をソースで挟むのがしっとり仕上がるコツ。

皮を平麺に見立てて

皮ひらひらスープ

材料（4人分）

長ネギ（斜め切り）……………………1本
ショウガ（薄切り）…………………… ½片
【スープ】
水………………………………2カップ
鶏ガラスープの素（顆粒）・醤油
……………………………各大さじ1
ごま油………………………………少々
塩・コショウ………………… 各適量
餃子の皮…………………… お好みの量

作り方

1 鍋に餃子の皮以外の材料すべてを入れ、中火で加熱する。

2 沸騰したら最後に餃子の皮を1枚ずつ入れて火を通す。
味見

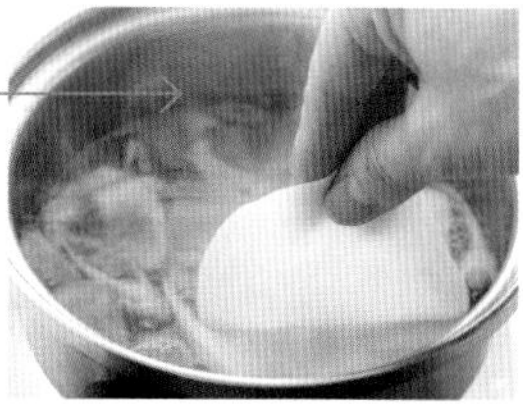

＊皮は、焼売やワンタンの皮でもＯＫ。ワンタンを使うと、中華麺と同じ成分が入っているのでより麺に近い味になる。
味見 ・薄い場合……塩、醤油を足すか、食べる時にラー油をかける。

もっちりした食感がクセになるスイーツ

春巻きの皮クレープ

材料(2人分)

春巻きの皮(ミニサイズ)
……8枚(2枚重ねにする・4セット分)

【卵液】

- 卵……1個
- 牛乳……½カップ
- 砂糖……大さじ2～お好みで

バター……大さじ1～お好みで
粉糖・ブルーベリー・ミント……適量

作り方

1 2枚重ねにした春巻きの皮をよく混ぜ合わせた【卵液】にしっかりと漬ける。

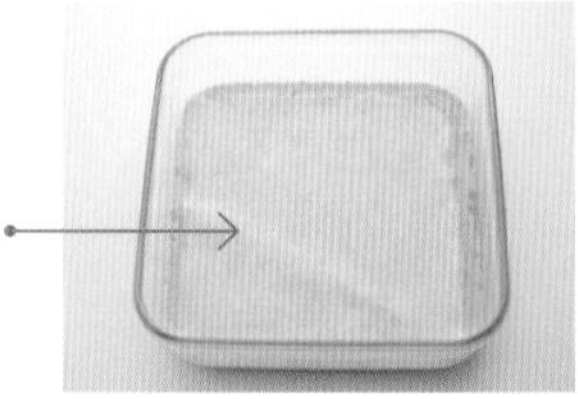

2 バターを入れたフライパンを中弱火に加熱して、1の両面を焼き色が付くまで焼く。

3 器に盛り、粉糖を振りブルーベリー・ミントを添える。

＊普通サイズの春巻きの皮の場合は半分に切って使う。
＊ブルーベリーの代わりに、ジャムを添えても。

最後にごま油をまわしかけて焼けば、カリカリに！

チヂミ

材料（4人分）

【生地】

- 卵……………………………………1個
- 小麦粉・片栗粉・水…各大さじ3
- 塩…………………………ひとつまみ

【具】

- カニカマ（割く）……………………6本
- ニラ（4cm長さに切る）…………$\frac{1}{2}$束
- 人参（細切り）……………………4cm

ごま油……………………………大さじ2
ポン酢しょうゆ……………………適量

作り方

1 【生地】の材料を混ぜ合わせて、【具】を入れて混ぜる。
2 ごま油大さじ1をフライパンにひいて中火で熱し、**1**を流し入れて蓋をして焼く。
3 焼き色が付いたら蓋を取って裏面も焼き、最後にごま油大さじ1をまわしかけて、強火にして焼き上げる。
4 器に盛り、ポン酢しょうゆを付けて食べる。

さっぱり食べられてヘルシー

カニカマ中華サラダ

材料（4人分）

【調味料】

- 酢・醤油・砂糖…………各大さじ1
- ごま油…………………………大さじ½

カニカマ（割く）…………………………6本

春雨（ゆでて食べやすい長さに切る）

……………………………………40g（乾燥）

キュウリ（斜め細切り）…………………1本

すりごま………………………………適量

作り方

1 ボウルに【調味料】を入れて混ぜ合わせ、カニカマ、春雨、キュウリ、すりごまを入れて混ぜる。 味見

味見 ・薄い場合……醤油、酢を足す。

ふわふわの卵に甘酸っぱいあんが絡まって

カニたま丼

材料（2人分）

卵（塩をひとつまみ入れて溶く）……4個
カニカマ（割く）……4本
油……大さじ2
ご飯……適量
【あん】
中華だしの素（ペースト状）……小さじ½
醤油・酢・砂糖……各大さじ1
水……大さじ4
片栗粉……小さじ1
グリーンピース（ゆで・または小ねぎ）……適量

作り方

1 溶き卵にカニカマを入れて混ぜる。
2 フライパンに油をひいて、煙が出るまで中火で熱したら、**1**の卵液を入れて4、5回軽く混ぜる（半熟でもOK）。
3 器にご飯を盛り、**2**をのせる。
4 別の鍋に【あん】を入れ、中弱火で混ぜながらとろみが付くまで加熱する。 味見
5 **3**に**4**のあんをかけ、グリーンピースをのせる。

味見 ・薄い場合……醤油、中華だしの素（ペースト状）を足す。

納豆の新しい使い方

納豆ドレッシング

材料（作りやすい分量）

ひきわり納豆（付属のタレとからしは使わない）
……………………………………………1パック（40g）
すりごま・みりん・醤油・油…… 各大さじ1

作り方

1 ボウルに材料を入れ、混ぜ合わせる。

＊油はオリーブオイルかごま油をお好みで。
＊豆腐やツナサラダにかけたり、オムレツにかけても美味しい！

野菜や肉をつけて食べるとトロリとうまい

しゃぶしゃぶの納豆ダレ

材料（作りやすい分量）

納豆ドレッシング1：ポン酢しょうゆ1

作り方

1 材料を混ぜ合わせる。お好みでラー油を足しても。

納豆を

変化させよう

2

納豆ドレッシングと混ぜるだけ

納豆のマグロ和え

材料（4人分）

マグロ（切り落としなど）……………150g
長ネギ（白いところ・小口切り）
……………………………………………10cm
納豆ドレッシング（p.104）………適量
大葉（あれば）………………………………2枚

作り方

1 ボウルに切ったマグロと長ネギを入れて、納豆ドレッシングで和える。 味見

2 器に大葉をしき、1を盛る。

＊海苔をのせて、お好みでからしを添えても。

味見 ・薄い場合……醤油を足す。

大根の使い切り

大きめに切るのがポイント
べったら漬け

材料（作りやすい分量）

大根（皮付きのまま5cm長さに切り、縦に4〜6等分する）……10cm
砂糖……大さじ3
酢……大さじ2
塩……大さじ½
鷹の爪……1本
昆布（細切り）……5cm

作り方

1 材料を厚手のポリ袋又はフリーザーバッグに入れて軽くもみ、冷蔵庫で一晩置く。

ナンプラーが味のアクセント
大根エスニックスープ

材料（4人分）

【スープ】
- 水……2カップ
- 鶏ガラスープの素（顆粒）……大さじ1
- ナンプラー……大さじ2
- コショウ……適量

大根（皮付きのまま3mm幅の半月切り）……10cm
ひき肉……100g
ごま油・小ネギ……各適量

作り方

1 鍋に【スープ】を入れて大根を加え、蓋をして加熱する。沸騰したら弱火で5分煮る。

2 ひき肉を入れてほぐしながら火を通す。味見

3 器に盛ってお好みでごま油をたらして、小ネギをのせる。

＊ナンプラーがなければ、醤油とレモン汁（醤油の半量目安）を混ぜ合わせて代用可。

味見・薄い場合……ナンプラー、塩を足す。

味がしっかりと染み込んだ

レンジ鶏大根

材料（2人分）

【調味料】

- 醤油・酒・みりん・片栗粉・
  ショウガ（すりおろし）……………… 各大さじ½
- 水 ………………………………………… ¼カップ

鶏ひき肉 ………………………………………… 80g

大根（皮をむいて5mm～7mm幅の半月切り）…10cm

かいわれ大根 ……………………………… 適量

作り方

味見 ・薄い場合……醤油を足すか、からしを付けて食べる。

1 ボウルなどに【調味料】を入れて、鶏ひき肉を加えてほぐしながら混ぜる。

2 耐熱容器に大根を敷き詰め（2段以上重ねない）、**1**を流し入れてふんわりラップをして電子レンジ（500W）で10分加熱する。硬いところが残っていたら、大根の場所を入れ替えてさらに2、3分加熱する。 味見

3 器に盛り、かいわれ大根を添える。

＊ふんわりラップとは、少し隙間を空けて軽くラップをかける程度（蒸気によるラップの破裂を防ぐため）。
＊加熱後にラップを外す時はやけどに注意。
＊ラップを外して少し置くとさらに味が染み込む。

どこの部位でもＯＫ

冷凍大根おろし

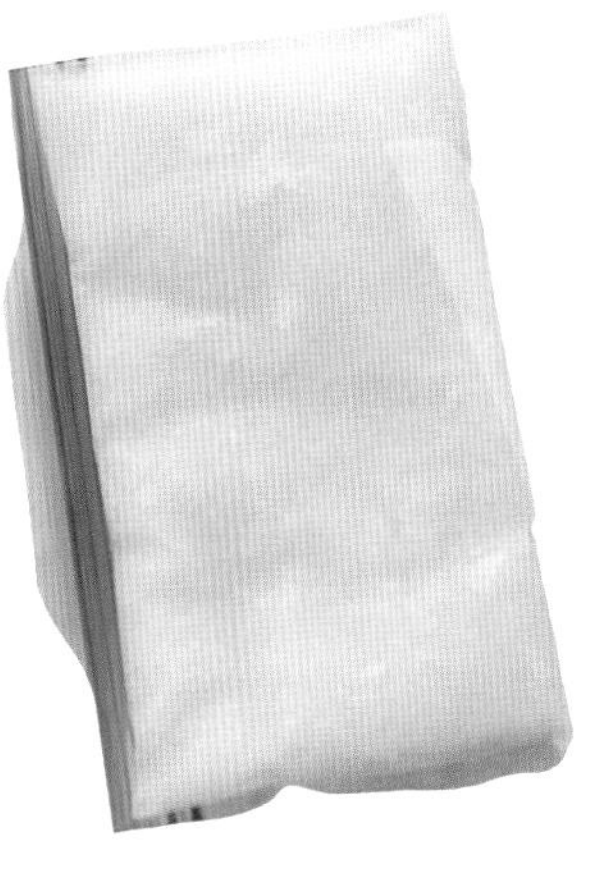

材料（作りやすい分量）

大根 ………………………………………… あるだけ

作り方

1 大根はあるだけ、皮を剥いてすりおろし、水気を軽く絞って厚手のポリ袋又はフリーザーバッグに入れ、空気を抜いて薄く延ばし、冷凍庫で保存する。2週間で使い切る。

＊凍ったまま鍋や味噌汁に入れても OK。

白菜の使い切り

さわやかな浅漬け

白菜レモン漬け

材料（作りやすい分量）

白菜（ひと口大に切る）……………………………¼個
国産レモン（2mm幅の半月切り）…………¼個
鷹の爪…………………………………………………1本
塩……………………………………………………大さじ1

作り方

1 厚手のポリ袋又はフリーザーバッグに材料を全部入れて軽くもみ、冷蔵庫で2、3時間寝かす。味見

味見・薄い場合……塩を足す、または醤油をかけて食べる。

小麦粉がダマにならないコツは、
材料にまぶすこと

白菜クリーム煮

材料（4人分）

白菜（食べやすい大きさに切る）…………………¼個
ベーコン（5mm幅に切る）……………………………5枚
玉ネギ（薄切り）…………………………………………¼個
しめじ（石づきを取り食べやすくほぐす）……1パック
ニンニク（薄切り）……………………………………1片
薄力粉……………………………………………大さじ2

【調味料】

バター……………………………………大さじ1
牛乳…………………………………………2カップ
固形コンソメの素………………………1個（4g）

塩………………………………………………ふたつまみ
粉チーズ……………………………………………大さじ1
粗挽きコショウ………………………………………適量

作り方

1 厚手のポリ袋又はフリーザーバッグに白菜、ベーコン、玉ネギ、しめじ、ニンニク、薄力粉を入れて空気を入れて袋の口を閉じ、よく振って粉をまぶす。

2 鍋に【調味料】、1の具材を入れて蓋をし、中弱火で加熱する。

3 野菜が柔らかくなったら塩、粉チーズを加えて味をととのえる。味見

4 器に盛り、お好みで粗挽きコショウを振る。

味見・薄い場合……塩、粉チーズを足す。

マヨネーズとコチュジャンがベストマッチ
白菜ピリ辛サラダ

材料（4人分）

白菜（ざく切り）……………………………………$\frac{1}{4}$個
水 ……………………………………………… 大さじ2
【調味料】
コチュジャン・マヨネーズ・麺つゆ
……………………………………………各大さじ1
塩 ……………………………………… ひとつまみ
鰹節 ……………………………………………………3g

作り方

1 白菜を耐熱容器に入れ、水を振りかけてラップをし、電子レンジ（500W）で2分加熱する。
2 冷めたら水気を絞って【調味料】を加え、混ぜ合わせる。味見

＊ゆで卵を砕いて入れても。
味見 ・薄い場合……七味をかける。

ショウガでさっぱりいただきます
海老と白菜の中華蒸し

材料（4人分）

白菜（ざく切り）……………………………………$\frac{1}{4}$個
長ネギ（みじん切り）…………………………10cm
ショウガ（みじん切り）…………………………1片
海老（殻をむいて背ワタを取り、塩少々でもんで片栗粉少々をまぶし、流水で流して酒適量を絡める）……………………………… 8尾
【調味料】
酒・オイスターソース・水………各大さじ1
中華だしの素（ペースト状）…………大さじ$\frac{1}{2}$
塩 ……………………………………………ふたつまみ
片栗粉…………………大さじ1（同量の水で溶く）

作り方

1 フライパンに白菜、長ネギ、ショウガ、海老を入れ、【調味料】を加えて蓋をし、中弱火で加熱する。
2 白菜がしんなりしてきたら、同量の水で溶いた片栗粉をまわし入れ、混ぜ合わせる。味見

味見 ・薄い場合……中華だしの素（ペースト状）を足すか、ラー油をかける。

キャベツの使い切り

芯や外葉も残さず食べよう

キャベツナムル

材料（4人分）

キャベツ（食べやすい大きさに切る）…………… $\frac{1}{4}$個
塩 ………………………………………………… ふたつまみ
【調味料】
ニンニク（みじん切り）…………………………… 1片
ごま油・醤油 ……………………………… 各大さじ1

作り方

1 キャベツは、塩をまぶしてしばらく置いて、水気を絞る。

2 ボウルに**1**と【調味料】を入れて、混ぜ合わせる。 味見

味見 ・薄い場合……醤油、塩を足す。

ほんのりりんごの甘みを感じられる

りんごのコールスロー

材料（4人分）

キャベツ（細切り）……………………………… $\frac{1}{4}$個
塩 ………………………………………………… ふたつまみ
りんご（皮付きのままイチョウ切り）…………… $\frac{1}{4}$個
紫玉ネギ（薄切り）…………………………… 小$\frac{1}{2}$個
【調味料】
オリーブオイル ………………………………… 大さじ1
酢 …………………………… 大さじ$\frac{1}{2}$〜お好みで
砂糖 ……………………………………………… 大さじ$\frac{1}{2}$
コショウ ………………………………………… 適量

作り方

1 キャベツは、塩をまぶしてしばらく置いて、水気を絞る。

2 ボウルに【調味料】を入れて混ぜ合わせ、**1**のキャベツ、りんご、紫玉ネギを加えてさらに混ぜる。 味見

＊カレー粉を混ぜると味変に。りんごの代わりに梨でも。

味見 ・薄い場合……塩を足す。

豚肉に焼き色を付けると旨みに

簡単回鍋肉 (ホイコーロー)

材料（4人分）

油……………………………………大さじ2
豚バラ肉（5cm長さに切って軽く塩・コショウ）
……………………………………150g
キャベツ（ひと口大に切る）…………¼個
ピーマン（ひと口大に切る）…………2個
【調味液】
甜麺醤・醤油・酒…………各大さじ1
豆板醤・鶏ガラスープの素（顆粒）
……………………………各大さじ½
塩…………………………ひとつまみ
片栗粉…………大さじ1（同量の水で溶く）

作り方

1 フライパンに油を熱して、豚バラ肉に焼き色を付けて一旦取り出す。

2 空のフライパンにキャベツ、ピーマン、1の豚バラ肉を入れ、【調味液】を混ぜ合わせて入れ、蓋をして中火で加熱する。

3 蒸気が出たら蓋を取り、同量の水で溶いた片栗粉を入れてとろみを付ける。
味見

味見 ・薄い場合……塩、豆板醤

豪快な見た目も楽しい！

巻かないロールキャベツ

材料（4人分）

【肉ダネ】
合いびき肉…………………………250g
玉ネギ（みじん切り）…………………½個
卵（溶く）……………………………1個
パン粉…………………………大さじ3
ケチャップ……………………大さじ2
ウスターソース………………大さじ1
塩……………………………ふたつまみ
コショウ・ナツメグ（あれば）………各適量
キャベツ（葉の部分）…………………½個

【調味料】
トマト缶（カット）…………………1缶
水………………………トマト缶の¼量
固形コンソメの素……………1個（4g）
バター…………………………大さじ2

作り方

1 ボウルに【肉ダネ】を入れてよく混ぜ合わせる。

2 鍋の中央に1の肉ダネをドーム型に整えて置き、上に芯を取って半分の大きさに切ったキャベツの葉を包むように重ねてのせる。

3 2に【調味料】を入れて蓋をし、中火で加熱する。沸騰したら弱火で10分煮込む。
味見

味見 ・薄い場合……ケチャップ、塩を足す。

COLUMN 3

ポリ袋（フリーザーバッグ）一つで作るお手軽副菜

後片付けが苦手な人は多いものです。
その後片付け問題をクリアするのが、ポリ袋（フリーザーバッグ）だけで作るレシピ。
入れてもむだけで作れ、そのまま冷蔵庫で保存できるという優れものです。

たくさん切って、ついで仕込み！

玉ネギマリネ

材料と作り方（作りやすい分量）

1 厚手のポリ袋やフリーザーバッグなどに薄切りにした**玉ネギ1個**、**酢大さじ2**、**オリーブオイル・砂糖各大さじ1**、**塩ふたつまみ**、**コショウ適量**を入れて軽くもみ、冷蔵庫で保存する。4日で食べ切る。

＊スモークサーモンやハムと合わせたり、パプリカ（赤・黄）を入れても。
＊塩・コショウをして軽く小麦粉をまぶした魚や肉をソテーし、玉ネギマリネをタレごとかければ即席南蛮漬けに。

ポリポリのナッツの食感が楽しい

ほうれん草のナッツ和え

材料と作り方（4人分）

1 厚手のポリ袋やフリーザーバッグなどに**ナッツ（ピーナッツ、クルミなど）大さじ4（山盛り）**を入れて麺棒や瓶の底でつぶす。

2 1にゆでて4cm長さに切った**ほうれん草1束**、**醤油・みりん各大さじ2**を加えて和える。

＊ごまで作ればごま和えに。
＊青菜は小松菜、春菊でも。

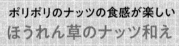

6章

シーン別の対処法
5つの「ススメ」

最後に料理中、くじけそうになった時に思い出して欲しい「シーン別」のワンポイントアドバイスを連投します。いつもの味に飽きたり、イライラした時、家族の反応がない時などに試してみて下さい。

行き詰まった時の気分転換のススメ

● いつもは使わない調味料を使う

醤油の代わりにナンプラーや麺つゆ、塩の代わりに味噌やビネガーなど「味変」を楽しんでみましょう。いつもと少し違う味になり、マンネリ化を防ぐことができます。

● 鯖《さば》缶、ツナ缶を調味料にする

流行りの鯖缶（水煮・味噌煮）や、ツナ缶（オイルベースがオススメ）の旨みを利用してみましょう。具と調味の両方の役割を賄《まかな》えます。

● 単純に辛くしてみる

もし辛いものがある程度大丈夫であれば、カレー粉（スパイスがあれば）や豆板醤、ラー油などを足して辛さを増して、汗を流してみてはどうでしょう。

●とにかくチーズをのせてみる

溶けたり、焦げたりしたチーズは食欲をそそります。意外にも煮物や炒め物にもマッチします。よくある溶けるチーズだけでなく、おつまみのカマンベールを使うとコクが出ます。また手軽な粉チーズは振りかけるだけで風味が変わります。

●お菓子やおつまみを料理に使う

たとえばポテトチップスをサラダのトッピングにしたり、ポテトサラダに混ぜたりすると味のアクセントになり、食感も楽しくなります。柿の種などのおせんべい・おかき系も同じ使い方ができます。他にもオススメなのはさきイカ。細かく切って鰹節の代わりに使うと意外とイケます。

●珍しい食材を使う

カラフル野菜や最近出回っている聞いたことのない外国の野菜の他、ちょっと奮発《ふんぱつ》して「からすみ」や「生ハム」、こだわりの「チーズ」を使ってみませんか。シンプルに調理するだけでも、いつもと違う食卓になります。

●お弁当箱や重箱を使う

たとえ「なんでもないおうちご飯」であっても、あえてお弁当や重箱に「詰めてみる」のです。たったそれだけのことですが、大人の遠足みたいな非日常が味わえます。見た目が変われば気分も変わるもの。土日のブランチにもオススメです。

●大きな皿か小鉢に盛る

盛り付けの工夫でもう一つ。カフェ風ワンプレートのように大きな皿に一人前ずつ盛り付けたり、懐石料理のように小さなココットやおちょこなどに少しずつ盛り付けてみましょう。中身は納豆や冷ややっこ、前日の残りものでもよいのです。器を変えて見せ方を変えるだけで、リッチな気分になれます。

「使い切れない・片付かない」時の一気消費のススメ

●買い置きの乾物を使い切る

切り干し大根やひじき、干ししいたけなどは、水でもどして「醤油・酒・みりん」で煮るか、油で炒めれば大抵美味しく食べられます。ついでに余っているちくわやツナ缶などを混ぜればボリュームアップします。

●湿気た海苔は溶かして使う

湿気た海苔は、あぶって食べる以外にスープに入れてしまうのもオススメです。また、研《と》いだお米の上にちぎってのせて炊飯器で炊けば「海苔ご飯」が完成。どちらも一気に消費できます。他にも、酢とオリーブオイルと混ぜ合わせれば、海苔ドレッシングに変身します。味付け海苔も同じように使えますよ。

●余った野菜は塩もみか酢漬けにする

キャベツや大根だけではなく、少し残った水菜や1本だけの茄子など、適当に切って厚手のポリ袋に入れ、塩もみや酢漬けにして冷蔵保存しておきましょう。そのまま副菜にもなり、豆腐などにのせれば調味料代わりとしても使えます。

●余った野菜はスープにしても使い切れる

また細々《こまごま》と余った野菜は、適当な大きさに切って全部まとめてスープにしてしまいましょう。野菜のだしが出るので、塩・コショウだけでも美味しくなります。味付けには、コンソメや白だしなどを使いましょう。

●実は便利な「煮切りみりん」

みりんをあまり使わない人はぜひ、これを作ってみてはいかがでしょうか。煮切りみりんとは、鍋にみりん適量を入れ、沸騰してから1、2分煮立たせたものです。アルコール臭がなくなり、風味がよくなるので、砂糖の代わりはもちろん、ドレッシングの甘み付けに重宝します。冷蔵庫に入れ、1週間で使い切ります。

●バルサミコ酢も煮詰めてしまおう

バルサミコ酢をどう使っていいか分からない場合は、中火で煮詰めてとろとろにして冷蔵保存しておきましょう。肉や野菜のソテーにかけて食べると濃厚な味が楽しめます。1週間程度で使い切りましょう。

●そして最後は全部捨てる

どんなモノにも消費期限はあります。3か月に一度でもよいので、冷蔵庫やパントリーを確認して期限切れのものは、片っ端から処分してしまいましょう。「買っても使わない」ものがあぶりだされ、その後の買い物の無駄をなくすことにつながります。

面倒くさい時は「簡単なものでしのぐ」のススメ

●冷凍うどんは買い置きしよう

何もしたくない日は冷凍うどんに限ります。調理したくなければ、電子レンジでチンするだけでよいのですから。余力がある日には煮込みうどんにしたり、余った汁物に放り込んでもいいですし、カレー粉やコチュジャンを加えてパンチをきかせてもイケます。もちろん焼きうどんもオススメ。とにかく助かる食材です。

●冷凍餃子も買い置きしよう

さっと焼けば、メインになる冷凍餃子ですが、具沢山スープに放り込めば、ボリュームアップし、それだけでも満足できるおかずになります。また、カレーやシチューの具にしたり、トマトソースとチーズをかければラザニアにも早変わり。原材料は肉と小麦粉ですから、自由に発想してみましょう。

●レトルトに付け加える

カレールーやミートボールなどのレトルト食品は、本当に便利です。そこに野菜を数種類足すだけで十分です。手間も省け、1人分でも2人分賄えちゃいます。

●混ぜご飯にする

余ったおかずや常備菜は、温かいご飯に混ぜて混ぜご飯にし、おにぎりにしましょう。なぜだか特別感が出ます。食べ切れなかったら冷凍保存もできます。

●缶詰に頼る

缶詰は、調味料にも使えると先ほどお伝えしましたが、そのままおかずにもなる優れものです。特に鯖缶（水煮・味噌煮）やサンマのかば焼き缶、焼き鳥缶などは小ネギや鰹節をトッピングするとちょっと豪華な一品になります。

● とにかく湯を沸かす

何もしたくない時には、とりあえずお湯だけ沸かしてみましょう。沸騰したお湯に卵を放り込んで火を止めれば、温泉卵ができ、ご飯にのせれば立派なおかずになります。沸かしたお湯をそのままカップ麺に注いでしのぐという手もあります。

「なんだかイライラする」時のストレス発散料理のススメ

● 無心で野菜を刻む

オススメはキャベツの千切りです。刻んで塩もみにしたり、酢と砂糖を加えてさっぱりとコールスローに。また細切りにした人参に塩、酢、オリーブオイルを和えたラペも常備菜になります。野菜を力いっぱい塩もみするとストレス発散できます。

● 力任せに叩き割る

2章で紹介したポリ袋調理はストレス発散に打ってつけ。ナッツやごまなどを厚手のポリ袋やフリーザーバッグに入れ、思いっ切り叩き割るとスカッとします。また、キュウリや長芋などをそのまま叩き割って塩や麺つゆで和える方法もあります。

●力任せにこねる

無心になって粉物をこねてみましょう。小麦粉に水と塩を入れて耳たぶくらいの硬さになるまで力任せにこね、野菜たっぷりのだし汁にちぎって入れれば「すいとん」になります。形を整えずひたすらちぎれば、ストレスもどこへやら。

●力任せにつぶす

厚手のポリ袋にゆで卵を好みの量だけ入れたら、手に全体の体重をかけてつぶします。マヨネーズと塩・コショウ、マスタードなどポリ袋に入れて混ぜたら、袋の端を切ってパンの上に絞り出します。あっという間に洗い物ゼロのサンドイッチが完成。つぶした卵に、漬物や玉ネギを刻んで入れれば即席タルタルソースにもなります。

●力任せに振る

瓶に油と、油の半量の酢、塩・コショウを入れて蓋をし、力一杯振れば一番シンプルな自家製ドレッシングのできあがり。ニンニクやショウガを入れたり、酢を柑橘《かんきつ》に変えたりとアレンジは無限です。生野菜やゆで野菜にたっぷりかけてどうぞ。野菜を漬け込むタレにも使えます。

●ひたすらすりおろす

大根は、部位に関わらず余ったら、ひたすらすりおろしてみましょう。また夏はキュウリやトマトをおろし金ですりおろして、牛乳と白だしで調味すれば、美味しい冷製スープの完成です。

●肉ダネの空気抜きをする

ハンバーグを作る時のアレです。ひき肉をこねたらとにかく力任せにボウルに打ち付けましょう。これぞストレス発散です。肝心の料理は肉ダネにケチャップとウスターソースを入れ、一塊《ひとかたまり》に成型して焼くミートローフが簡単です。ソースなしで食べられ、余ったら冷凍保存可能です。

●鍋に山盛りぶち込む

意外と面白いのが、鍋の蓋が閉まるギリギリまで、野菜や肉をぶち込むというやり方。蓋をして火を付けるとみるみる水分が出てカサが減り、美味しいだしスープをまとった蒸し煮の完成。市販のポン酢しょうゆをかけてモリモリ食べましょう。同じようにきのこを数種類山盛りにして加熱する調理もダイナミックでスッキリします。

「リアクションがない」家族が否が応でも反応したくなる料理のススメ

●大きな塊肉を使う

ローストビーフやドーム型ハンバーグ、ミートローフなど「一塊」の料理を切り分けて食べると、その迫力でなぜか盛り上がります。ハンバーグはぜひ一塊のドーム型に作り、切り分けて食べましょう。そのほうが断然テンションが上がります。

●鍋やフライパンでドン！

調理したままの鍋やフライパンごと食卓に出します。料理の「しずる感」が出ます。焼きそばや麻婆豆腐《マーボドーフ》などは、熱々で食べられるメリットも。決して手抜きではありません。臨場感です！　トングやお玉を添えて、好きなだけ取り分けてもらいましょう。

●食卓で仕上げる参加型料理

4章で紹介したホットプレート料理の他にも、手巻き寿司なども参加型料理と言えます。自分で焼いたり、巻いたりという作業を任せるとなぜかみんな夢中になりますよね。配膳してしまえば、調理はみなに任せられるというラクちんな料理たちです。

●思いもよらない大胆な料理を作る

じゃがいもを洗って皮つきのままラップに包み、電子レンジで加熱します。柔らかくなったらマッシャーで1cm厚さにギューッとつぶし、たっぷりの油で揚げ焼きにします。塩・コショウを振ったら、大胆なフライドポテトの完成。家族はびっくりしますが、想像のつかないような料理もたまにはアリですよ（ちゃんと美味しいです）。

覚えておきたいプチ対処法

● プチトマトの簡単な洗い方

買ってきたらへたを取り、パックごと流水で洗い、水気を切って冷蔵保存しておけば、使うたびに洗う手間が省けます。

● ニンニクとショウガのおろしや刻みは「ついで」がオススメ

使うたびに少量ずつおろしたり刻んだりするのは面倒なので、おろしや刻みなどは余分に作って冷凍しておくと便利です。加熱料理なら凍ったまま使えます。

● ひき肉、薄切り肉はパックからポリ袋へ

肉を冷凍する場合は、買ってきたらパックからそのまま厚手のポリ袋へ移します。薄く伸ばした状態にするのがポイントです。使う時は手で割れます。

● 油揚げは切らない

油揚げは買ってきたら油分をキッチンペーパーで吸い取ってから、ポリ袋に入れて冷凍しておきます。味噌汁や煮物に使う時は手で適当に割れば、切ったものより味がしみ込みやす

いというメリットもあります。

●豆腐料理は厚揚げで代用

麻婆豆腐でも味噌汁でも、豆腐の代わりに厚揚げを使えば、ボリュームアップするだけでなく、調理中の「煮崩れ」を気にせずにすみます。少しのことですが、ストレスなく使うことができます。

●揚げ物の時のパン粉の代用

パン粉がなければ、冷凍してある食パンやバゲットをすりおろしましょう。簡単に即席パン粉ができあがります。

●干し野菜に挑戦してみる

キュウリや大根など使い切れない時は、薄く切って天日干しするのもオススメです。晴天なら日中の3時間程度で半生になります。冷蔵保存すれば2、3日持ちますので、味噌汁の具や炒め物に使ってみましょう。いつもと違う食感に驚きますよ！

●カレー鍋を洗う前に

カレー鍋を洗うとスポンジがかなり汚れますよね。洗う前に温かいご飯をカレー鍋に入れてカレーをこそげとって、カレー混ぜご飯にすれば、冷凍保存もできます。その際に少し油をまわし入れるとスムーズに取れます。

●野菜炒めが水っぽくなったら

野菜炒めが水っぽくなったら、鰹節を入れてみて下さい。1人分1パック（使い切りサイズ）くらい入れても大丈夫です。水分を吸い取り、旨みを出してくれます。

●野菜の皮のきんぴら

皮は薄く剝けばゴミ、分厚く剝けば食材です。大根や茄子の皮は5㎜厚さに剝き細切りにして「きんぴら」に。ごま油と同量の醬油・酒・みりんを入れ、蓋をして煮れば完成。

●昆布茶は調味料

塩とだしの風味を併せ持つのが昆布茶です。塩もみに使ったり、パスタの味付けに使いましょう。塩辛くなりすぎず風味がでます。炊き込みご飯に入れるのも◎。

●意外に使える製氷トレー

皮と肉ダネを入れて焼売を成型したり、ご飯を入れてプチ手まり寿司のご飯作りができます。余った煮汁や出汁を凍らせれば、必要な時に1個ずつ使えて便利です。

いくつか覚えておけば、行き詰まった時のヒントになります。やる気が回復するまで、のらりくらりとしのぐことも大切です。無理せず、時に面白がって、力を抜いて料理をしていきましょう！

おわりに

私は料理を作るのは決して苦手ではないのですが、作った料理をレシピに落とし込む作業は苦手です。なぜなら、私の料理に対する考え方の基本は「適当に味付けすれば大丈夫」だからです。しかし、それではせっかく美味しくできた料理を人に伝えることはできません。ですからどうしたら伝わるかと、今回も私なりに格闘しました。

その過程で、レシピがなくても「美味しいね」と言ってもらえる料理を作れるようになりたいし、みなさんにもなって欲しいという思いを一層強くしました。そしてそのためにはやはり、一旦レシピを参考に作ってみることが避けて通れない道だと再認識したのです。気に入った料理は作り続け、微調整しながら自分のものにして下さい。つまり、レシピを頭に入れてしまうことがレシピから解放されることなのです。

家庭料理は難しいものを作る必要はありません。自分の頭に入れたレシピや見つけたアイデアから、ぜひ日々の食卓のベースを自分なりに作って欲しいと思います。そして明日につなげて少しでも「ラクちん」を増やして下さい。少しでも料理から「面倒くさい」が減っていくことを心から願っています。

本多理恵子

本多理恵子（ほんだ・りえこ）

群馬県生まれ。野菜ソムリエ。オリーブオイルソムリエ。ホームパーティースタイリスト。神奈川県鎌倉市で「Café Rietta（カフェ リエッタ）」を経営し、手ぶらで見るだけの料理教室を主宰。2007年の開校以来、生徒数はのべ1万2千人。遠方からの参加もあり、リピート率が90パーセントを超える。著書に、料理レシピ本大賞2019エッセイ賞を受賞した『料理が苦痛だ』（自由国民社）、『ようこそ「料理が苦痛」な人の料理教室へ』（KADOKAWA）、『子どものために鎌倉移住したら暮らしと仕事がこうなった。』（1ミリ）など。

「Café Rietta」ホームページ
https://rietta.me/

写真　中川真理子
デザイン　大薮胤美・五味朋代（フレーズ）
DTP　天龍社
編集協力　吉塚さおり

めんどくさいがなくなる「明日ラク」レシピ！

2020年11月26日　初版第1刷発行
2020年12月10日　初版第2刷発行

著者　本多理恵子
©Rieko Honda 2020, Printed in Japan
発行者　松原淑子
発行所　清流出版株式会社
〒101-0051
東京都千代田区神田神保町3-7-1
電話　03-3288-5405
ホームページ　http://www.seiryupub.co.jp/

編集担当　秋篠貴子
印刷・製本　シナノパブリッシングプレス

乱丁・落丁本はお取替えいたします。
ISBN978-4-86029-498-4

本書のコピー、スキャン、デジタル化などの無断複製は著作権法上での例外を除き禁じられています。本書を代行業者などの第三者に依頼してスキャンやデジタル化することは、個人や家庭内の利用であっても認められていません。